D1674149

Auf den Spuren von 200 Jahren industrieller Tätigkeit
Bruno Meier, Dominik Sauerländer

INDUSTRIEBILD AARGAU

2003   hier+jetzt, Verlag für Kultur und Geschichte, Baden

INHALT

ZUR GESCHICHTE
DER INDUSTRIALISIERUNG IM AARGAU
Eine Einleitung

Der Kanton Aargau gilt als ein eher ländlicher, dezentral strukturierter Kanton ohne grösseres städtisches Zentrum. Trotzdem ist er seit über 200 Jahren einer der am stärksten industrialisierten Kantone der Schweiz: im 18. Jahrhundert mit der textilen Heimarbeit, im 19. Jahrhundert mit der mechanisierten Textilindustrie und seit der Wende zum 20. Jahrhundert mit der Metall- und Maschinenindustrie, der Elektrizitätswirtschaft und der Elektroindustrie. Der Aargau hat aber auch nach 1975 wie viele andere traditionelle Industriestandorte einen massiven Strukturwandel mitgemacht. Die grossen Industriegebiete haben sich verändert, sind lange brach gelegen und werden heute wieder belebt durch neue Industrieunternehmen, Gewerbe, Büros und Wohnungen. Auf die Suche nach den Spuren dieses Wandels geht das Buch «Industriebild Aargau».

      Der Aargau ist sich der Bedeutung seines industriellen Erbes lange wenig bewusst gewesen. Mit der im Jubiläumsjahr 2003 im Historischen Museum Aargau gezeigten Ausstellung «Industriekultur im Aargau», dem Lehrmittel «Industriekultur – Arbeiterinnen und Arbeiter im Fabrikalltag» und dem Buch «Industriebild Aargau» wird diese Bedeutung unterstrichen. Das Bild des Industriekantons Aargau zeigt nicht nur die Geschichte der grossen und lange Zeit erfolgreichen Unternehmen, es zeigt auch eine grosse Vielfalt an mittleren und kleineren Firmen, die sich seit Anbeginn ausgezeichnet haben durch Innovation und weltweite Vernetzung. Auch die Indienne-Manufaktur am Ende des 18. Jahrhunderts war schon global tätig, nicht anders als der spezialisierte Computerhersteller im Jahr 2003. Typisch aargauisch sind dabei die regionalen Unterschiede und die je nach Zeitabschnitt unterschiedlichen Entwicklungen. Darüber hinaus war der Wirtschaftsraum Aargau aber immer Teil der schweizerischen Wirtschaft, die schon früh vor allem für den Export arbeitete, sich am Weltmarkt orientierte und damit bis heute von globalen Entwicklungen abhängig ist.

      Das Buch «Industriebild Aargau» ist keine Industrie- und Wirtschaftsgeschichte des Aargaus, dazu fehlen die Grundlagen. Es ist auch keine Sozialgeschichte der Industrialisierung oder eine Architekturgeschichte des Industriebaus. Das Buch geht den Spuren von 200 Jahren industrieller Tätigkeit nach und tut dies in erster Linie über die visuelle Kultur. Es zeigt den Menschen im Produk-

tionsprozess und im gesellschaftlichen Umfeld der Industrie. Im Bild werden Veränderungen in den Pro-
duktionsbedingungen und im Arbeitsprozess sichtbar, die mit technischen, sozialen und räumlichen
Entwicklungen in Zusammenhang stehen. Das Bild bietet damit den Zugang zu weiteren Fragen und
Forschungen. Gegliedert wird dieser Bilderbogen entsprechend der zeitlichen Periodisierung in sechs
Abschnitte, die jeweils mit einem kurzen Überblickskapitel eingeleitet werden.

Im Jahr 1844 hat Franz Xaver Bronner mit seinem zweibändigen historisch-geografisch-
statistischen Gemälde des Aargaus erstmals eine repräsentative Übersicht zum Stand dem Industrialisierung des Aargaus vorgelegt. Ein zweiter Eckpunkt ist die Dissertation von Adolf Rey, dem späteren «Kantonsstatistiker», zur Entwicklung der Industrie im Aargau aus dem Jahr 1937. Rey hat um-
fangreiches statistisches Material zusammengetragen und vor allem die Betriebszählungen von 1895
und 1929 ausgewertet. Unter anderem auf diesen beiden Werken basieren auch die kantonsge-
schichtlichen Werke, von denen vor allem Heinrich Staehelins zweiter Band (1830–1885) der drei-
bändigen Kantonsgeschichte von 1978 einen guten wirtschaftsgeschichtlichen Überblick bietet. Ansonsten gibt es insbesondere zum 20. Jahrhundert ausser der «Geschichte des Aargaus» von 1991
keine Überblickswerke. Daten und Zusammenhänge müssen aus zahlreichen lokalen, themen- oder
firmenbezogenen Arbeiten zusammengesucht werden. Die übergreifende Wirtschafts- und Industriegeschichte des Aargaus ist in diesem Sinn noch nicht geschrieben. Das Buch «Industriebild Aargau»
zeigt lediglich die Vielfalt an Themen und Zusammenhängen auf, an denen weitergeforscht werden
muss. Es sind Mosaiksteine für ein Gesamtbild, das nur in Konturen sichtbar werden kann.

«Industriebild Aargau» basiert auf einer Recherche, die von Susanne Mangold im Hin-
blick auf die Ausstellung «Industriekultur im Aargau» im Sommer und Herbst 2002 durchgeführt worden ist. Ihr gilt der primäre Dank für das Zusammentragen der Materialien. Zu danken ist sodann in erster Linie den Verantwortlichen von Museen und Sammlungen, aber auch von Firmen, die mit grosser
Begeisterung ihre Schachteln und Ordner geöffnet und manch überraschendes Bild zu Tage gefördert
haben. Ein spezieller Dank geht an die beiden Fotografen Werner Nefflen aus Ennetbaden und Werner Erne aus Aarau, die mit ihrer Arbeit einen wichtigen Teil zum visuellen Gedächtnis des Aargaus
beigesteuert haben. Zu danken gilt es schliesslich dem Kanton Aargau, der im Rahmen des Aus-
stellungsprojekts diese Recherche ermöglicht hat, sowie vier aargauischen Stiftungen, die dieses Buch
unterstützen. «Industriebild Aargau» zeigt eine teils untergegangene Welt ohne Verklärung, aber auch
eine aktuelle und gegenwärtige Sicht auf die aargauische Industrie, wie sie heute unter veränderten
Bedingungen nach wie vor einen hohen Anteil an die Wertschöpfung in diesem Kanton leistet.

BRUNO MEIER, DOMINIK SAUERLÄNDER

VON DER HEIMARBEIT ZUR MANUFAKTUR
Die Anfänge (1750–1820)

1

Die Indienne-Manufaktur Laué & Cie. in Wildegg, 1775 vom späteren Landammann Johann Rudolf Dolder gegründet, 1781 von Christian Friedrich Laué aus Brandenburg und seinem Partner Karl Heinrich De Luze übernommen. Die Umrissradierung von Johann Jakob Aschmann von ca. 1795 zeigt den Fabrikkomplex am Fuss der Wildegg in der Zeit um 1800. In der Mitte das Fabrikantenwohnhaus (Laué-Gut), rechts davon die Manufaktur (noch bestehend), der Zwischenbau (erster Fabrikbau von ca. 1775, nicht erhalten) und der Hängeturm (im Erdgeschoss erhalten); im Hintergrund rechts ein heute noch bestehendes Doppelwohnhaus. Die Gebäudegruppe der Manufaktur Laué in Wildegg ist eines der am besten erhaltenen frühindustriellen Ensembles in der Schweiz.

2

Das Manufakturgebäude der Indienne-Druckerei Brutel in Schafisheim um 1950. Das dreigeschossige Gebäude wurde wahrscheinlich um 1740 errichtet, kurz nachdem die Gebrüder Samuel und Etienne Brutel de la Rivière das Schloss Schafisheim erworben hatten. Die Manufaktur wurde zu Beginn des 19. Jahrhunderts stillgelegt.

3

Schlössli und Hammer in Aarau im Jahr 1812, dargestellt auf einem Aquarell von David Alois Schmid. Rechts im Vordergrund die 1805 gegründete Textildruckerei Hérosé mit einer deutlich sichtbaren Hängevorrichtung für die gefärbten Tücher. Links im Hintergrund die Neubauten an der Laurenzenvorstadt. Zu dieser Zeit war bereits ein ansehnlicher Teil der Aarauer Altstadt vom Betrieb des Seidenfabrikanten Johann Rudolf Meyer belegt.

Anders als die Ostschweiz mit der Leinwandproduktion oder Basel und Zürich mit dem Seidenge-
werbe hat die heutige Landschaft Aargau keine vorindustrielle Phase, die weit in die frühe Neuzeit oder
ins Spätmittelalter zurückreicht. Die Verbreitung der Handspinnerei und -weberei als bäuerliches
Nebengewerbe ist zwar im 16. und 17. Jahrhundert in Einzelfällen nachgewiesen. Ein ausgebautes
Verlagssystem auf der Landschaft oder ein zünftisch organisiertes Gewerbe in den Kleinstädten exis-
tierte im grösseren Stil aber noch nicht. Die Anstösse für die Protoindustrialisierung – die «Industrie vor
der Industrie» – kamen Ende des 17. Jahrunderts aus dem bernischen Stadtstaat, genauer von huge-
nottischen Flüchtlingen aus Frankreich, die nach der Aufhebung des Edikts von Nantes in Frankreich
1685 über Genf und Neuenburg in die Schweiz kamen und von Bern mit offenen Armen empfangen
wurden. Sie brachten Know-how in der Weberei und dem Textil- oder Indienne-Druck mit, und der ber-
nische Rat zeigte Interesse an der Ansiedlung von Handelshäusern und Manufakturen. In merkantilis-
tischer Manier begann Bern, den Import von Textilien einzuschränken und die Produktion im Inland zu
fördern. 1710 wurde die Einfuhr fremder Indiennes, das heisst bedruckter Baumwolltücher, verboten,
und im Jahr 1719 erliess der Berner Rat das so genannte Manufakturmandat. Damit war die gesetzliche
Grundlage gelegt für eine Wirtschaftspolitik, die sich nicht auf eine zünftische Stadtwirtschaft be-
schränkte, sondern Produktion und Handel auf der Landschaft zuliess.

      Der bernische Unteraargau von Zofingen bis Brugg entwickelte sich in der Folge zu
einem eigentlichen Zentrum der Textilwirtschaft im bernischen Staat. Die ersten Unternehmen wurden
noch vor 1720 von Johann Imhof in Zofingen (Textildruck) und Johann Rudolf Meyer in Lenzburg (Band-
weberei) gegründet. Die Gebrüder Samuel und Etienne Brutel de la Rivière eröffneten 1721 in Zofingen eine Indienne-Druckerei, 1736 konnten sie das Schloss Schafisheim erwerben und gliederten dort
eine Manufaktur an. Weitere frühe Betriebe waren die Textildruckereien von Marcus Hünerwadel in
Lenzburg (1732) und Jakob Philipp Oberkampf in Aarau (1755), später in Othmarsingen. Ebenfalls
frühe Manufakturstandorte waren Niederlenz (Vaucher) 1757 und Reinach (Gautschi) um 1760, Aarau
(Hunziker und Brechbühl) 1766 und Wildegg (Dolder) 1775. Diese Textil- oder Indienne-Druckereien

waren aber nur ein sekundäres Element einer Baumwollproduktion, die nach 1750 vor allem im bernischen Aargau rasend schnell gewachsen war. Ihr Zentrum war Lenzburg. Sie war nach dem Verlagssystem organisiert: Rechtlich selbständige Produzenten, meist kleinbäuerliche Familien auf dem Land, fertigten bei sich zu Hause aus Rohstoffen (Baumwolle) oder Halbfabrikaten (Garn) ein Endprodukt (Garn oder Tuch). Ein in der Stadt ansässiger Kaufmann, der Verleger, vermarktete die Waren. Bindeglied war der Fergger, der die Arbeit verteilte. Die Spinnerei und Weberei in Heimarbeit fiel in der Region auf fruchtbaren Boden, da die Bevölkerung seit dem Bauernkrieg von 1653 und vor allem nach den schweren Existenzkrisen der so genannten kleinen Eiszeit der 1690er-Jahre verarmt war. Alternativen zur Landwirtschaft waren gefragt.

Bereits 1755 wurden in der Grafschaft Lenzburg, mit Schwerpunkten im Wynen- und Seetal, über 130 000 handgewobene Tücher gezählt. Lenzburg war wichtiger Stapel- und Umschlagplatz der Baumwolle, die in der Regel aus dem Osmanischen Reich importiert wurde. In Lenzburg waren denn auch die wichtigen Verleger ansässig, die in der ganzen Grafschaft Lenzburg ihre Spinner und Weber hatten. Die Tuchproduktion wuchs bis 1785 auf fast 200 000 Stück pro Jahr, der allergrösste Teil davon wurde in Lenzburg umgesetzt. Von der gesamten Produktion gingen zwei Drittel oder mehr unbedruckt in den Handel, ein grosser Teil davon über Basel in den Export. Ein kleinerer Teil wurde in den lokalen Textildruckereien verarbeitet und gelangte fast vollständig in den Export, ebenfalls über Basel oder die Westschweiz (Morges, Lausanne, Genf). Mit dem Importverbot Frankreichs für Indienne 1785 wurde dem Textildruck aber ein schwerer Dämpfer versetzt.

Im bernischen Aargau waren 1787 fast 14 000 Menschen – rund ein Viertel der Bevölkerung – in der textilen Heimarbeit beschäftigt, davon etwa 80 Prozent in der Spinnerei. Die Textilindustrie hatte sich damit zu einem wichtigen Wirtschaftsfaktor entwickelt. Ganze Ortschaften lebten davon. Die Pfarrer kritisierten die tiefen Löhne, die Kinderarbeit und die Entfremdung von der landwirtschaftlichen Arbeit. Müssiggang und Trunksucht mache sich unter der Textilarbeiterschaft breit. Angesichts der seit dem Beginn des 18. Jahrhunderts stark gewachsenen Bevölkerung schien aber die textile Heimarbeit oder die Fabrikarbeit in der Manufaktur der einzige Ausweg aus der Armut.

Vom obrigkeitlich geförderten Textilboom im bernischen Aargau blieben die Freien Ämter, die Grafschaft Baden und das österreichische Fricktal noch weitgehend ausgeklammert. In der Region rund um Wohlen entstand in den 1780er-Jahren aus der traditionellen Strohverarbeitung eine Hutgeflechtindustrie, die ebenfalls auf Heimarbeit beruhte. Die Französische Revolution, die Revolutionskriege und die napoleonische Zeit bewirkten einen starken Rückgang der textilen Produktion. Wechselseitige Import- und Exportbeschränkungen verunmöglichten eine stetige Entwicklung. Die Tuchproduktion war stark zurückgegangen und schwankte von Jahr zu Jahr markant. Am Ende der napoleonischen Kriege im Jahr 1815 lag die Bedeutung der Textilindustrie im neuen Kanton Aargau weit unter den Werten der vorrevolutionären Zeit.

Eine statistische Übersicht der Betriebe und Beschäftigten im Aargau aus dieser Zeit existiert leider nicht. Die erste, wohl nicht ganz repräsentative Zusammenstellung dieser Art stammt von Franz Xaver Bronner aus dem Jahr 1844.

Fabriken im Aargau nach Branchen 1844

BRANCHE	ANZAHL BETRIEBE
Baumwolle	38
Seide	7
Leinen	1
Wolle	1
Stroh	4
Tabak	2
Teigwaren	1
Chemie	1
Papier	6
Maschinen und Apparate	4
Total	65

Quelle: Bronner, Franz Xaver: Gemälde der Schweiz. Der Kanton Aargau, historisch, geographisch, statistisch geschildert. St. Gallen, Bern 1844, Bd.1, 501f.

Bronner verzeichnete total 65 Industriebetriebe, von denen 51 zur Textilindustrie zu zählen sind. Der Textildruck hatte trotz dem Übergang vom Hand- zum Walzendruck keine sehr grosse Bedeutung mehr. Neu in Blüte stand die Seidenbandweberei mit Johann Rudolf Meyers Unternehmen in Aarau im Mittelpunkt. Ebenfalls entwickelt hatte sich die Strohflechterei rund um Wohlen. Nach 1800 waren erste Papiermühlen und Papierfabriken entstanden. In Aarau entwickelte sich eine grafische Industrie, einerseits mit der Gründung von Verlag und Druckerei Sauerländer 1807, andererseits mit den Werkstätten für Reisszeug und optische Instrumente von Esser (1801), Gysi (1817) und Kern (1819). Die wichtigste Veränderung, die aber in der Zusammenstellung von Bronner 1844 nicht erscheint, ist der Durchbruch der mechanischen Spinnerei und Weberei. Die Umsetzung der Antriebskräfte aus den Bächen und Flüssen auf mechanische Spinnmaschinen und Webstühle läutete ein neues Zeitalter der Textilindustrie ein.

4 + 5

Die verschiedenen Verrichtungen der Heimarbeiter in der Strohindustrie: Handspinnerei und Handweberei, Strohflechterei und Hutmacherei. Zwei arrangierte Bilder aus einer Festschrift der Wohler Firma M. Bruggisser & Co.
aus dem Jahr 1912.

6 *(kleines Bild)*

Die Halbleinenfabrik Guyer in Aarau beschäftigte vor allem Heimarbeiterinnen und Heimarbeiter. Die wenigen An-
gestellten der 1825 bis 1911 produzierenden Fabrik wurden im Sommer regelmässig für die Arbeit auf dem an-
gegliederten Bauernbetrieb des Fabrikherrn herangezogen.

7 *(nachfolgende Doppelseite)*

Die Belegschaft von Setzerei und Druckerei der Firma Sauerländer in Aarau im Jahr 1889.

8
Zwischen Heimarbeit und Gewerbe: Blick in eine Fricktaler Nagelschmiede im 19. Jahrhundert. Die Nagler verarbeiteten das aus dem Bergwerk in Herznach gewonnene Eisen für den Export.

9 + 10 *(oben)*
Am Fergg-Tag im Schulhaus Schmiedrued, an dem die für die Bandfabrik Bally in Schönenwerd tätigen Bandweber
aus dem Ruedertal die gewobenen Bänder beim Fergger abgaben und neue Garnspulen zur Verarbeitung ent-
gegennahmen. Die letzte Heimarbeiterin im Ruedertal erhielt 1998 einen Blumenstrauss. Die Arbeitsvorbereitung
und das Weben am Bandwebstuhl wird heute noch im Weberei- und Heimatmuseum gezeigt, das in ebendiesem
Schulhaus eingerichtet ist.

11
Heimarbeit in der Textil-, Geflecht- und Tabakindustrie war bis weit ins 20. Jahrhundert verbreitet. Frauen in der
Hutmacherei in Bünzen 1945.

12 + 13
Die Seidenbandweberei oder Posamenterei war vor allem im Kanton Basel-
land noch verbreitet und strahlte auch auf das angrenzende Fricktal aus. Ein
in Heimarbeit betriebener Seidenbandwebstuhl in Wittnau 1948.

14 + 15
Gewisse Tätigkeiten in der Tabakindustrie wurden lange in Heimarbeit ausgeführt. Tütenkleben und Ausrippen für die Stumpenfabrik Burger in Burg 1948.

MECHANISIERUNG UND MÄCHTIGE FABRIKEN

Die grosse Zeit der Textilindustrie (1820–1880)

16

Die Spinnerei Kunz in Windisch war nach dem Bau des dritten grossen Fabrikgebäudes 1865 (im Hintergrund) vorübergehend die grösste Spinnerei in Mitteleuropa. Das Bild zeigt die Fabrik um 1900 mit dem noch hölzernen Steg nach Gebenstorf, der gleich zu Beginn angelegt worden war, um das Potenzial an Arbeitskräften auf der gegenüberliegenden Flussseite zu erschliessen. Am Ufer gleich neben dem Steg ist das ehemalige Wachthäuschen sichtbar, das zeitweise als Fabrikschulhaus diente.

17

Turgi aus der Vogelschau um 1940. Vor Beginn der Industrialisierung bestand der damalige Gebenstorfer Ortsteil lediglich aus einem einsamen Bauernhof. Mit dem Bau der Spinnerei Bebié am Limmatufer 1827/28, der Spinnerei Wanger in Vogelsang 1862 (später BAG), der Metallwarenfabrik Egloff 1890 in Turgi und der Elektrochemie 1895 ennet der Limmat wuchs der Ort zu einem eigentlichen Industriedorf mit charakteristischen Arbeiterwohnhäusern, ähnlich wie etwa Wildegg. 1884 trennte sich Turgi von Gebenstorf und bildete eine eigene Gemeinde.

18

Die Wohnhäuser für die Arbeiterschaft der Schweizerischen Leinenindustrie in Niederlenz. Die 1917 bis 1919 erbaute Siedlung ist nicht mehr in der typischen Kosthausarchitektur des 19. Jahrhunderts erbaut, sondern vereinigt verschiedene Wohntypen in sich; teils mit bernisch beeinflussten Walmdächern, teils mit ausgebauten Satteldächern. Dazu gehörten kleine Vorgärten und Pflanzland.

Der Regierungsrat legte im Rechenschaftsbericht für das Jahr 1857 erstmals eine systematische Übersicht zur Fabrikindustrie im Aargau vor. Die Zusammenstellung zeugt von einer Entwicklung, die um 1810 mit der Mechanisierung der ersten Spinnereien ihren Anfang genommen hatte. Johann Herzog in Aarau 1810 und Gottlieb Heinrich Hünerwadel in Niederlenz 1812 verwendeten als Erste die vorerst aus England stammenden, rasch auch in der Schweiz nachgebauten mechanischen Spinnmaschinen. Gleichzeitig begann Johann Rudolf Meyer wahrscheinlich seine Seidenbandmanufaktur zu mechanisieren. Hünerwadel war in Niederlenz kurz nach der Eröffnung der mechanischen Spinnerei als Erster auch von einem Arbeitskonflikt betroffen. Die Entlassung eines Arbeiters aus dem Schwarzwald hatte Unruhe in den Betrieb gebracht, das Gerücht von einer Fabrikstürmung ging um. Die Auseinandersetzung scheint sich aber rasch wieder beruhigt zu haben.

Die Mechanisierung der Spinnerei und der Weberei veränderte die Industrielandschaft nachhaltig. Die kleinen Bäche in den aargauischen Talschaften boten zu wenig Antriebskraft für den Betrieb einer grösseren Fabrik. Die Fabriken wurden deshalb an die grossen Flüsse verlegt. Nur wenige Jahre nach den ersten Fabriken im Zürcher Oberland entstanden in relativ rascher Folge auch grosse Spinnereien im Aargau. Es waren in erster Linie Fabrikanten aus dem Zürcher Gebiet, die das Potenzial an Wasser- und Arbeitskraft im Aargau erkannten – auch in den östlichen Kantonsgebieten, die bis dahin kaum mit der Textilindustrie in Berührung gekommen waren. Es entstanden die Spinnereien der Gebrüder Bebié in Turgi (1827/28), von Heinrich Kunz in Windisch (1828/29) und von Wild und Solivo in Baden (1835/36). Noch im selben Jahrzehnt folgten Fabriken in Rupperswil (Richner 1836), Aarau (Frey 1836) und Bremgarten (Weissenbach 1837). In den neuen Fabriken arbeiteten schon bald mehrere hundert Arbeiterinnen und Arbeiter. Die Fabrikanten waren gezwungen, Wohnraum zu schaffen. Mit diesen Arbeitersiedlungen entstanden neue Quartiere, gar neue Dörfer, die das ländliche Siedlungsbild nachhaltig veränderten. Die Zuwanderung beeinflusste das soziale Klima der Gemeinden. Der Gebenstorfer Pfarrer zum Beispiel beklagte die schlechten Arbeitsbedingungen in der Fabrik, die religiöse Indifferenz und das sittenlose Leben der fremden Spinnereiarbeiterinnen und -arbeiter.

Der Mechanisierung der Spinnerei folgte ab den 1830er-Jahren auch die Mechanisierung der Weberei, in erster Linie der so genannten Buntweberei, so zum Beispiel in den Fabriken von Pfiffner und Müller in Seon, Breitenstein in Zofingen oder Matter in Kölliken. Aber auch nach der Mitte des 19. Jahrhunderts war der überwiegende Teil der Industriebeschäftigten in der Heimarbeit tätig. Dies weniger in der Spinnerei, die bereits stark in den grossen Fabriken konzentriert war. Heimarbeit bedeutete Handweberei, Seidenbandweberei und vor allem Strohflechterei. So arbeiteten 1857 immer noch mehr als drei Viertel der Beschäftigten in der Aargauer Industrie bei sich zu Hause. Die Zahl dieser über 40 000 Heimarbeiterinnen und Heimarbeiter schrumpfte bis ins Jahr 1920 auf noch gut 2 000. Die meisten davon waren Frauen, die in der Strohflechterei, der Seidenbandweberei und im Bekleidungsgewerbe arbeiteten.

Industrie im Aargau nach Betrieben und Arbeiterschaft 1857

BRANCHE	ANZAHL FABRIKEN	FABRIKARBEITER	HEIMARBEITER
Baumwollspinnerei und -zwirnerei	24	2 802	ca. 500
Mechanische Weberei	9	676	ca. 1 100
Handweberei	73	873	11 205
Bandweberei	5	79	700
Wolle	4	44	34
Seide	15	1 733	2 688
Textildruck	6	61	5
Stroh	55	4 377	23 954
Total Textilindustrie	191	10 645	40 186
andere	77	896	88
Total	268	11 541	40 274

Quelle: Rechenschaftsbericht des Regierungsrates über die Staatsverwaltung des Kantons Aargau im Jahre 1857.

Das rasante Wachstum der Textilindustrie wird auch illustriert durch die Zahl der Maschinen: Die Spindelzahl in den Spinnereien stieg von knapp 164 000 im Jahr 1857 auf über 220 000 im Jahr 1884, die Zahl der mechanischen Webstühle von 582 auf über 1 500. Und dies, nachdem in den 1870er-Jahren die Textilindustrie eine schwere Krise durchgemacht hatte.

Parallel zu diesem Aufschwung begannen sich auch andere Industriezweige zu etablieren. Im oberen Wynental und im Seetal waren dies die ersten Tabakfabriken, so 1838 der Betrieb von Samuel Weber in Menziken. Die Tabakindustrie verlegte ihre Arbeitsplätze teils wieder in die Heimarbeit, um das seit 1863 geltende Verbot der Kinderarbeit zu umgehen. Die sozialen Auswirkungen der neuen Fabriken wurden zunehmend diskutiert. Die Fabrikherren hatten oft einen miserablen Ruf, überlange Arbeitszeiten und Kinderarbeit waren weit verbreitet. Mit dem Schulgesetz von 1835 wurde ihnen vorgeschrieben, eigene Fabrikschulen einzurichten, um auch den arbeitenden Kindern den Schulbesuch zu ermöglichen. Verstösse gegen die Vorschriften waren an der Tagesordnung. 1862, über 20 Jahre nach den ersten Vorstössen, erliess der Kanton ein Fabrikgesetz, das erstmals gewisse Schranken setzte und die Arbeitsbedingungen verbesserte. Einer der Promotoren des Gesetzes war der Niederlenzer Webereibesitzer Johann Kaspar Brunner, der sich als einer der wenigen Fabrikanten um das Wohl der Arbeiterschaft kümmerte. Ein vollständiges Verbot der Kinderarbeit und eine Beschränkung der täglichen Arbeitszeit auf elf Stunden brachte schliesslich das eidgenössische Fabrikgesetz von 1877.

19 – 22

Die maschinelle Geflechtherstellung und Hutmacherei in Wohlen zu Beginn des 20. Jahrhunderts. Bilder aus einer Festschrift der Wohler Firma M. Bruggisser & Co. aus dem Jahr 1912.

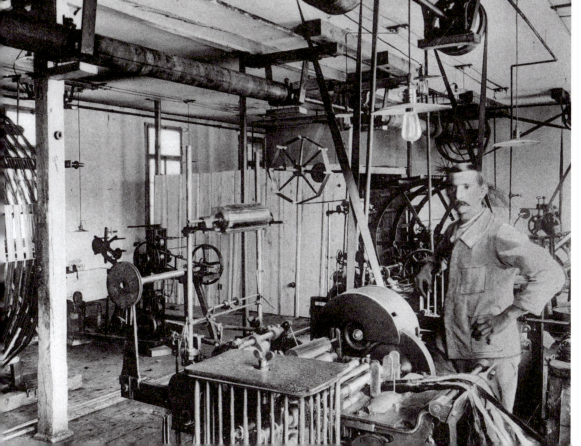

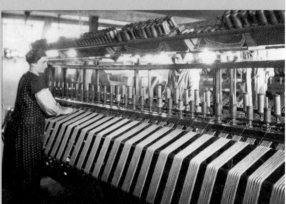

23 (grosses Bild)

Die Belegschaft der Schweizerischen Leinenindustrie in Niederlenz vor dem 1917/18 erstellten neuen Webereigebäude, einem ersten Vorboten der Moderne im Aargauer Fabrikbau.

24 + 25

Blick in die Spulerei und Weberei der Schweizerischen Leinenindustrie um 1925. Das Unternehmen steht am Standort der Indienne-Manufaktur von Josef Vaucher. Gottlieb Heinrich Hünerwadel baute in den 1830er-Jahren das grosse Spinnereigebäude. Die Hünerwadel'sche Firma ging in den 1890er-Jahren in Konkurs. Sie wurde 1900 mit der Leinenspinnerei in Schleitheim SH zusammengelegt und seit 1918 unter dem Namen Schweizerische Leinenindustrie geführt.

26 – 29

Der Produktionsablauf in der Spinnerei der Schweizerischen Leinenindustrie in Niederlenz in den 1960er-Jahren:
Anlieferung der Rohbaumwolle, Prüfung durch den Betriebsleiter, Verarbeitung an der Spinnmaschine und Kon-
trolle im Reissprobenzimmer.
Mit dem Übergang an die Heberlein & Co. aus Wattwil im Jahr 1972 wurde die Schweizerische Leinenindustrie in
Hetex Garn AG Niederlenz umbenannt. Im Lauf der 1990er-Jahre musste die Produktion nach und nach eingestellt
werden. Das Areal der Hetex mit einem Gebäudebestand aus beinahe 200 Jahren ist eines der grössten umge-
nutzten Areale aus der Zeit der Textilindustrie im Aargau.

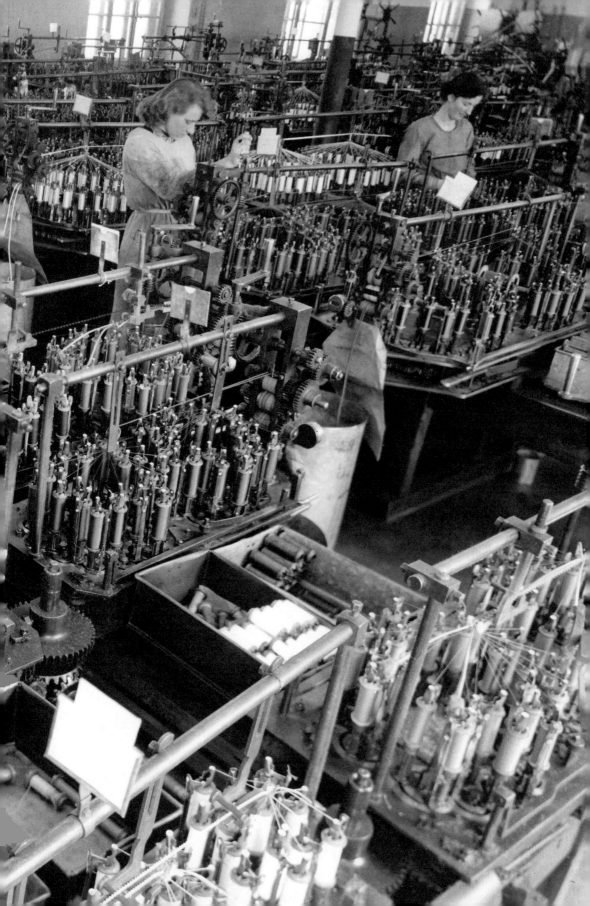

30 – 32 *(auch vorhergehende Doppelseite)*

Aus der Produktion der FAMA in Kölliken um 1950. Die FAMA Gebrüder Matter AG in Kölliken hat ihre Wurzeln in einem Färbereibetrieb aus dem Ende des 18. Jahrhunderts. Sie spezialisierte sich auf die Herstellung von Eisengarn, Litzen, Riemen, Schnüren und Knöpfen, betrieb aber auch eine Buntweberei und eine Färberei. Später kam noch die Kunstoffverarbeitung dazu. Die Fabriken in Kölliken und Muhen wurden 1989 verkauft und geschlossen. Unter der Marke FAMA werden heute noch in Lauperswil BE Kunststoff- und Textilprodukte hergestellt. In der Spulerei wird das Rohgarn aufgespult und anschliessend im sogenannten Färbeigel eingefärbt.

33 – 35

In der Knopfherstellung wird ein Teig erstellt, der anschliessend in Stangen geformt und in der Etagenpresse verarbeitet wird.

36 – 46 *(auch vorhergehende und nachfolgende Doppelseite)*
Der Produktionsablauf in der HOCOSA in Rothrist und Safenwil um 1945: Rohbaumwollager, Karderei, Kämmerei, Bleicherei, Spinnerei, Spulerei, Rundstrickmaschinen, Zuschneiderei, Verarbeitung zur fertigen Ware, Glätterei und Verpackung, Spedition. Die HOCOSA, Hochuli & Co. in Safenwil wurde als Feinstrickerei 1897 gegründet. 1930 kam die Spinnerei am Rotkanal in Rothrist dazu.

47 – 49
Arbeit an maschinellen Geflechtmaschinen in der Strohindustrie in den 1960er-Jahren: Faltbänder- und Ramie-
bandfabrikation sowie Crinol-Litzen auf der Grossmaschine.

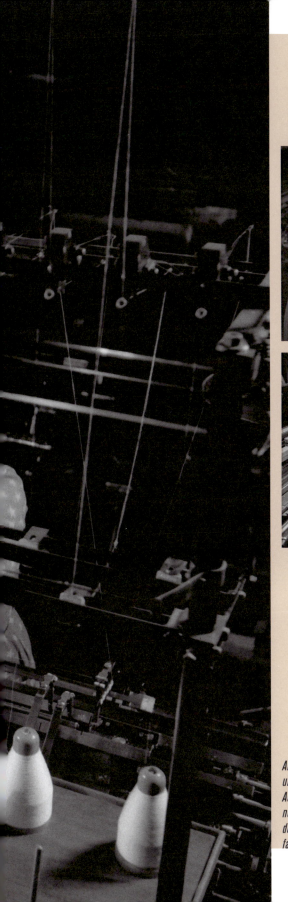

50 – 52

Arbeiterinnen und Arbeiter in der Strickerei Zimmerli & Cie. in Aarburg um 1948. Die Fabrikantengattin Ida Zimmerli erregte in den 1870er-Jahren Aufsehen mit innovativen Produktionsmethoden in der Strickerei. Das Unternehmen musste aber 1879 infolge Misswirtschaft schliessen. 1880 wurde der Betrieb versteigert; er ist noch heute unter dem Namen der Gründerfamilie tätig.

53 + 54 *(auch nachfolgende Doppelseite)*

Blick in den Spinnsaal der Baumwollspinnerei und -weberei Wettingen im Jahr 1968. Das Unternehmen war 1858 vom bereits in Baden tätigen Textilfabrikanten Johann Wild gegründet worden. Aus den Anfängen stammt die so genannte «Gwaggelibrugg» (nächste Seite), welche die beiden Fabrikstandorte auf der Klosterhalbinsel Wettingen und in der Damsau in Neuenhof verband und ihnen Beschäftigte von der anderen Flussseite zuführte. Wenige Jahre nach dieser Aufnahme schloss die Wettinger Fabrik 1972 ihre Tore; die meisten anderen Aargauer Textilbetriebe folgten in den nächsten 25 Jahren.

MASCHINEN UND ELEKTRIZITÄT

Auf dem Weg zur Grossindustrie (1880 – 1914)

55

Aus Anlass der Auslieferung des tausendsten Dynamos posiert im August 1895 die Belegschaft der noch jungen Brown, Boveri & Cie. auf und neben den Eisenbahnwagen. Auf dem Bild sind etwa 450 Köpfe zu zählen. Vier Jahre nach der Gründung war die Badener BBC bereits ein für die damalige Zeit grosses Unternehmen, dessen Wachstum ungebremst weiter ging. Bis zum Beginn des Ersten Weltkriegs stieg der Personalbestand auf über 4 000.

56

Blick in den Maschinensaal des Flusskraftwerks Beznau nach der Inbetriebnahme im Jahr 1902. Auf Initiative der BBC war 1895 in Baden die A.G. Motor (später Motor-Columbus) gegründet worden, die den Kraftwerksbau und die Elektrifizierung vorantreiben sollte. Das hydraulische Kraftwerk in der Beznau war eines der ersten grossen Fluss-kraftwerke.

57

Der Transport eines grossen Hosenrohrs für die Druckleitung des Kraftwerks Löntsch im Kanton Glarus 1918. Mit den Kraftwerken Löntsch und Beznau wurde erstmals die Kombination von Winterenergie aus einem Speicherkraft-werk und Sommerenergie aus einem Laufkraftwerk kombiniert. Der Verbund Beznau-Löntsch war die Keimzelle der 1914 gegründeten Nordostschweizerischen Kraftwerke AG, die in der Elektrifizierung der Nord- und Ostschweiz eine ganz entscheidende Rolle spielte. Als Sitz von BBC, Motor-Columbus und NOK wurde Baden gleichsam die Strom-hauptstadt der Schweiz.

Die Zahl der Industriebeschäftigten wuchs im Aargau gegen Ende des 19. Jahrhunderts stetig, aber nicht sprunghaft an. Die Heimarbeit verlor allmählich an Bedeutung. Nach wie vor waren gewisse Bezirke noch sehr wenig von der Industrialisierung betroffen, so vor allem das Fricktal, das obere Freiamt und der Bezirk Zurzach. Die Schwerpunkte verschoben sich nach und nach von den eher ländlich strukturierten Industrielandschaften zu den städtischen Zentren. Vor allem die Regionen von Baden, Aarau und Zofingen entwickelten sich zu Wachstumsgebieten.

Fabriken im Aargau nach Bezirken 1878, 1885, 1896
(dem Fabrikgesetz unterstellt, ohne Heimarbeit)

BEZIRK	BETRIEBE			BESCHÄFTIGTE		
	1878	1885	1896	1878	1885	1896
Aarau	49	51	63	1 934	2 116	2 860
Baden	20	22	54	2 273	2 295	3 266
Bremgarten	10	17	23	240	554	794
Brugg	6	8	15	1 126	1 237	1 208
Kulm	41	52	71	2 503	2 647	3 131
Laufenburg	6	5	7	136	137	235
Lenzburg	28	33	51	1 248	1 395	1 418
Muri	3	1	1	66	15	29
Rheinfelden	8	10	19	322	342	665
Zofingen	43	47	75	1 902	2 101	3 440
Zurzach	7	9	14	182	322	561
Total	221	255	393	11 932	13 161	17 607

Quelle: Rechenschaftsberichte des Regierungsrates über die Staatsverwaltung des Kantons Aargau in den Jahren 1878, 1885 und 1896.

Die dominante Textilindustrie hatte in der weltweiten Depression der 1870er-Jahre einen Rückschlag erlitten. Zu dieser Zeit hatten Betriebe anderer Branchen bereits grössere Bedeutung erlangt, so die Zigarrenfabriken, erste Fabriken für chemische Erzeugnisse, aber auch Unternehmen in der Metallverarbeitung. Verschiedene Gründungen in der Metallbranche gehen auf die Zeit vor der Elektrifizierung zurück, zum Beispiel Oederlin & Cie. in Ennetbaden 1858, Lüscher & Suter in Seon 1861, Engler & Cie. in Zofingen 1868, Conrad Zschokke in Aarau 1872, Merker & Cie. in Baden 1873, Karrer, Weber & Cie. in Teufenthal 1874. Erste chemische Fabriken entstanden 1857 in Lenzburg (Seifenfabrik) sowie in Zofingen 1873 (Siegfried) und 1880 (Landolt Farben- und Lackfabrik).

Die Fabrikstatistik von 1885 zeigt aber noch immer eine deutliche Dominanz der Textilbranche. Fast 50 Prozent der Betriebe und über 60 Prozent der Beschäftigten arbeiteten in Textilbetrieben. In den Jahren bis zum Ersten Weltkrieg fand nun aber ein massiver Wandel statt. Noch 25 Prozent der Betriebe gehörten zum Textilbereich, aber bereits je etwa 15 Prozent zu den Bereichen Kleidung und Schuhe, Nahrung und Genussmittel sowie Metall und Maschinen. Die Beschäftigtenzahl in der Textilindustrie war nicht nur prozentual, sondern auch real gesunken. In der Metall- und Maschinenindustrie waren wenige, aber rasch wachsende Unternehmen für die steigenden Zahlen verantwortlich, allen voran die BBC in Baden.

Fabrikbetriebe und Beschäftigte im Aargau nach Branchen 1885 bis 1960
(dem Fabrikgesetz unterstellt, ohne Heimarbeit)

Branche	Betriebe					Beschäftigte				
	1885	1911	1923	1944	1960	1885	1911	1923	1944	1960
Textil	122	123	122	107	89	8 191	7 739	8 715	5 412	7 360
Kleidung/Ausrüstung (Schuhe)	8	53	70	97	143	588	4 320	5 752	6 359	8 826
Nahrung/Genussmittel (Tabak)	54	95	81	92	97	2 602	4 116	3 744	4 174	4 574
Metall/Maschinen	22	71	79	136	273	723	6 382	7 749	13 984	27 692
Anderes (Chemie, Zement, Holz, Druck)	49	144	146	221	338	1 057	4 626	5 090	7 820	13 478
Total	255	486	498	653	940	13 161	27 183	31 050	37 749	61 930

Quelle: Historische Statistik der Schweiz. Zürich 1996, 636–642 (Eidgenössische Fabrikstatistik).

Ein wesentlicher Grund für die Veränderung der Branchenstruktur war die technische Entwicklung in der Stromübertragung, der Bau grosser Kraftwerke und damit die allgemeine Verfügbarkeit von elektrischer Energie. In den Jahren nach 1890 entstanden denn auch die wichtigen Unternehmen der aargauischen Maschinen- und Elektroindustrie: 1891 BBC in Baden, 1892 Kummler & Matter in Aarau, 1895 die Kabelwerke und Wartmann & Cie. in Brugg, 1900 Sprecher & Schuh in Aarau, 1904 die Glühlampenwerke Aarau.

Die Anfänge der Zementindustrie datieren noch in die erste Hälfte des 19. Jahrhunderts. 1832 gründete Karl Herosé in Aarau eine Romanzementfabrik, die 1857 von Albert Fleiner übernommen wurde. Bedeutend wurde die Zementproduktion aber erst gegen Ende des Jahrhunderts, als 1877 Hans Fleiner die Fabrik vergrösserte und Rudolf Zurlinden 1882 sein neues Zementwerk etwas weiter aareabwärts gründete. 1891 baute Zurlinden ein weiteres Werk in Wildegg. Die Zementindustrie war neben der zeitweiligen Eisengewinnung im Fricktal und der Salzgewinnung am Rhein die einzige Aargauer Industrie, die mit einheimischen Rohstoffen arbeiten konnte. 1904 eröffneten die Tonwerke Keller in Frick, 1912 die Portland-Cement-Werke in Würenlingen und das Zementwerk in Holderbank. Generell ist die Zeit vor dem Ersten Weltkrieg eine Periode des Aufschwungs und der Diversifizierung. Gustav Henckell und Gustav Zeiler gründeten 1885 die Hero Konservenfabrik in Lenzburg, Carl Schärer und Jakob Kopp 1906 die Zuckermühle in Rupperswil. Die alten Industrien (Textil und Tabak) hielten sich, ihre grosse Zeit war aber vorbei.

Die Zeit vor und nach 1900 war auch eine Periode des Kampfes um verbesserte Arbeitsbedingungen. Vor 1900 entstanden die wichtigen Verbände und Parteien. Erste Arbeitskämpfe sind zu verzeichnen, zum Beispiel 1899 bei der BBC oder 1911 in der Strohindustrie in Fahrwangen und Meisterschwanden. Der Anteil der Frauen an den Industriebeschäftigten, 1885 noch bei 55 Prozent, sank parallel zur Veränderung in der Branchenstruktur. Die schwindende Bedeutung der Textilindustrie und das Wachstum der Metall- und Maschinenindustrie führte noch vor 1900 zu einer Umkehrung des Verhältnisses. 1911 und 1923 lag der Frauenanteil noch bei 42 Prozent, 1944 noch bei 31,5, 1960 schliesslich noch bei 29 Prozent. Auf Seiten von Unternehmern und Arbeiterschaft wurden Arbeitsbedingungen und soziale Absicherung ein Thema. Die Firmen gründeten erste Krankenkassen, Pensionskassen und Arbeiterhilfsfonds, die Arbeiterschaft organisierte sich in Konsumgenossenschaften. Fabrikordnungen und Reglemente setzten zusammen mit der eidgenössischen Fabrikgesetzgebung verbesserte Rahmenbedingungen für die Arbeit in der Industrie. Der Erste Weltkrieg brachte einen markanten Einschnitt: Probleme in der Rohstoffbeschaffung und das Wegfallen von Absatzmärkten, der Entzug von Arbeitskräften für die Mobilmachung, aber in gewissen Bereichen auch eine Kriegskonjunktur prägten die Kriegsjahre.

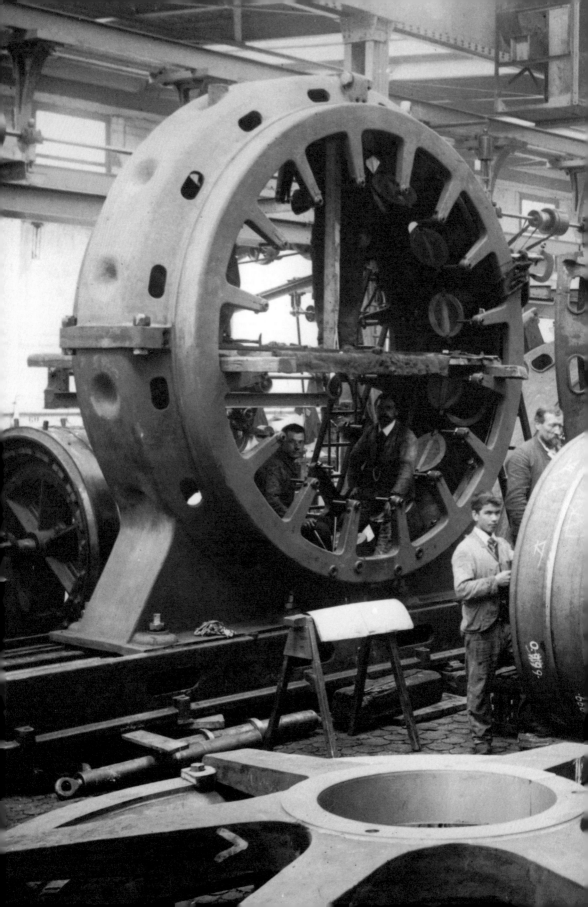

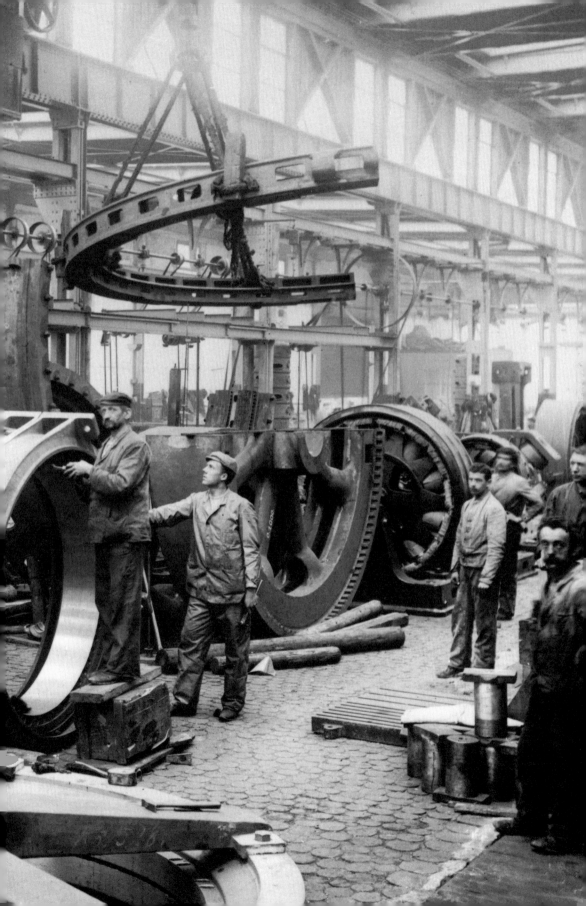

58 (vorhergehende Doppelseite)

Die Statormontage bei der BBC in Baden 1897. Mit der Gründung der Firma hatte in Baden der Grossmaschinenbau Einzug gehalten. Die Nachfrage nach Turbinen und Generatoren für den Bau der grossen Kraftwerke brachte bisher unbekannte Dimensionen im Bau von Fabrikationsanlagen und Hallen.

59 + 60

Die Ingenieure der Bahnabteilung 1916 und der Blick in ein Konstruktionsbüro der BBC um 1920. Technische Innovationen waren seit der Gründung der BBC die Grundlage des Gedeihens der Firma. In Baden entwickelte sich eine ausgeprägte Ingenieurkultur. Die Elektrifizierung der Eisenbahnen war eines der wichtigsten Projekte in der Anfangszeit. Insbesondere nach dem Kohlemangel im Ersten Weltkrieg wurde die Elektrifizierung landesweit mit hoher Priorität vorangetrieben.

61 + 62

Ein Blick in die BBC-Volksküche im Jahr 1914, die in einer wieder aufgebauten Halle der Landesausstellung von 1896 untergebracht war. Am Feierabend – hier ein Bild von 1915 – eilten Hunderte, ja Tausende aus der Fabrik und verursachten auf dem Heimweg jeweils ein kurzes, aber heftiges Verkehrschaos.

63
Kabeltransport am Rhein für die Schwachstromleitung von Chur nach Landquart in den Jahren 1921/22. Die Firma Kummler & Matter AG hat ihre Wurzeln im Kraftwerksbau. Herrmann Kummler war Geschäftspartner beim Bau des Kraftwerks Rüchlig in Aarau 1892 und der Einrichtung des Stromnetzes für die Stadt Aarau. Ab 1905 spezialisierte sich die Firma auf den Fahrleitungsbau und profitierte zusammen mit der BBC von der Elektrifizierung des Eisenbahnnetzes.

64

Blick in das Emailwerk der Metallwarenfabrik Merker in Baden im Jahr 1911. Im Hintergrund sind die typischen Emailkannen von Merker zu erkennen. Wie viele der Unternehmen in der Metallverarbeitung war Merker & Cie. 1873 aus einer Handelsfirma entstanden. Mit dem ersten Emailwerk in der Schweiz 1895 etablierte sich Merker als Unternehmen für Küchen- und Haushaltartikel. Bekannt geworden ist die Firma vor allem mit Gasbadeöfen und später mit Waschmaschinen, aber auch mit der «Röstiraffel» oder dem «Passe-tout».

65

Die Kunstschlosserei der «Leuchtenfabrik Limmatthal» um 1905. In den Gebäuden der ehemaligen Spinnerei in Vogelsang richtete die in Turgi am Bahnhof produzierende W. Egloff & Co. eine Zweigstelle ein. Die Filiale wurde 1909 umgegründet in die «Schweizerische Broncewarenfabrik», kurz BAG Turgi. Die BAG entwickelte sich zu einer der führenden Leuchtenfabriken in der Schweiz.

66 – 68
Arbeit in der Zigarren- und Stumpenfabrik Hediger & Cie. in Reinach im Jahr 1908: Frauen und Kinder beim Ausrippen, der Zigarrenmachersaal und die Verpackungsabteilung. Die Zigarrenindustrie war bis in die 1950er-Jahre hinein kaum mechanisiert und basierte auf Handarbeit. Gewisse Produktionsschritte wurden gar lange in der Heimarbeit belassen.

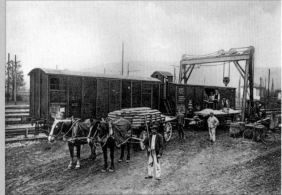

69 – 74
Die Metallwerke Schmid und Hallauer in Suhr waren 1911 gegründet worden und profitierten im Ersten Weltkrieg von der Kriegsproduktion. Die Bildserie von 1917 zeigt die Munitionsproduktion für die deutsche Armee bis zum Verlad auf die Eisenbahn. Die Firma brach nach Kriegsende zusammen und wurde von der Spenglerei Bettenmann übernommen.

75 *(oben)*
Mit der Bettina-Waschmaschine wurde die Firma M. Bettenmann Söhne in Suhr bekannt. Die Metallwarenfabrik war 1925 aus einer Spenglerei heraus entstanden. Die Bettenmann AG spezialisierte sich ähnlich wie Merker auf Badeöfen und Waschmaschinen.

76 + 77
Arbeiter im Salzlager und Bau eines Förderschachts in der Saline Riburg in Möhlin um 1925/1930. In Muttenz war 1836 erstmals ein Salzvorkommen erbohrt worden. In der Folge wurden rheinaufwärts weitere Salinen in Betrieb genommen, 1848 in Riburg bei Möhlin. 1914 kam dann noch die Schweizerische Sodafabrik in Zurzach hinzu, die heute aber kein Salz mehr fördert. Besitzer des heutigen Monopolbetriebs «Vereinigte Schweizerische Rheinsalinen» sind die Kantone.

78 *(nachfolgende Doppelseite)*
Die Abfüllanlage in der Brauerei Salmen in Rheinfelden um 1920/1930. Die Bierbrauerei war Ende des 18. Jahrhunderts aufgekommen. Die Brauereien waren ursprünglich Wirtshäusern angegliedert. Salmenbräu in Rheinfelden war eine der ersten Brauereien, welche die Produktion industriell betrieben. Die spätere Feldschlösschen-Brauerei wurde erst 1876 gegründet.

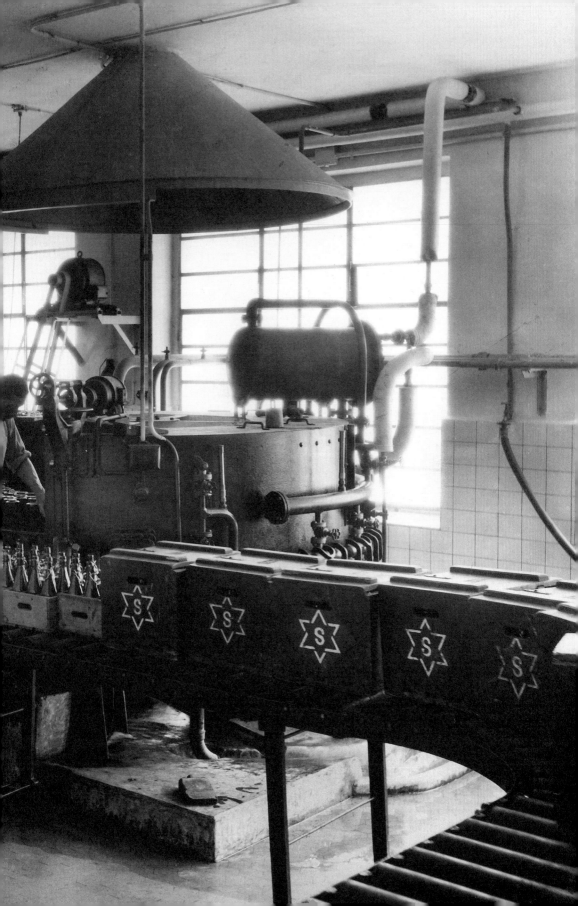

AUF UND AB IM WELLENTAL
Kriegswirtschaft und Weltwirtschaftskrise (1914–1945)

79
Blick in die Setzerei von Sauerländer im Jahr 1944 mit den für die damalige Zeit gebräuchlichen Linotype-Setz-maschinen. Sauerländer war seit der Gründung 1807 ein typisches Unternehmen der grafischen Branche mit Druckerei, Verlag und eigener Buchhandlung in Aarau. Als Zeitungsdruckerei war das Unternehmen allerdings seit der zweiten Hälfte des 19. Jahrhunderts nicht mehr tätig. Der lange Zeit von Heinrich Zschokke redigierte «Schweizerbote» war 1878 verstummt.

80
Notstandsarbeiten während des Ersten Weltkriegs 1916. Arbeitslose Fabrikarbeiter aus Villmergen posieren im Gemeindewald, in dem sie Beschäftigung finden. Eine Arbeitslosenversicherung stand noch in weiter Ferne. Allenfalls hatten Firmen Hilfsfonds. Ansonsten fielen die Leute schnell der Armenkasse zur Last.

81
Der «Chachelifritz» aus Erlinsbach brachte bis ins Jahr 1961 jeden Tag auf seinem Wagen Mittagsverpflegung ins Aarauer Industriegebiet. Die Arbeiter holen ihre Essenskörbe ab.

Die Weltkriege und die Zwischenkriegszeit verlangsamten den wirtschaftlichen Strukturwandel, der vor 1900 eingesetzt hatte. Der rasche Aufschwung vor allem der Metall-, Maschinen- und Elektroindustrie vor dem Ersten Weltkrieg kam zwar nicht zum Stillstand, setzte sich aber in gemächlicherem Tempo fort. Am Ende des Zweiten Weltkriegs beschäftigten etwas über 700 dem Fabrikgesetz unterstellte Industriebetriebe im Aargau etwa 40 000 Arbeiterinnen, Arbeiter und Angestellte. Mitte der 1920er-Jahre überflügelte die Metall- und Maschinenindustrie den Textilsektor. Mit der Volkszählung im Jahr 1900 waren erstmals mehr Aargauerinnen und Aargauer in der Industrie als in der Landwirtschaft tätig. Der Rückgang im ersten Sektor schwächte sich aber zwischen 1920 und 1945 ab.

Betriebe und Beschäftigte 1895 bis 1960 (Arbeiter und Angestellte)
(dem Fabrikgesetz unterstellt, ohne Heimarbeit)

JAHR	BETRIEBE	BESCHÄFTIGTE TOTAL	DAVON FRAUEN	DAVON JUGENDLICHE 14–18	DAVON AUSLÄNDER
1895	378	17 139	8 361	2 825	971
1911	521	28 262	11 794	5 689	3 998
1923	544	32 356	13 717	5 625	2 072
1937	663	36 093	13 480	4 338	1 539
1944	706	39 370	13 717	5 106	888
1952	852	52 969	16 167	4 022	5 424
1960	994	64 646	18 955	4 120	18 344

Quelle: Historische Statistik der Schweiz. Zürich 1996, 647 (Gewerbliche Betriebszählungen).

Die soziale Unrast hatte sich während des Ersten Weltkriegs verschärft. Die Bauern standen als Kriegsgewinnler da, die Arbeiterschaft darbte. Die verschärften Auseinandersetzungen um Arbeitszeiten und Arbeitsbedingungen gipfelten schliesslich im Landesstreik im Herbst 1918 und der Einführung des nominellen Achtstundentags.

Die Krisenerscheinungen kurz nach dem Ende des Ersten Weltkriegs setzten der Industrie stark zu. Sie erholte sich erst wieder nach 1923, fand zurück aus dem Wellental, wuchs und diversifizierte. Die BBC als Motor im Ostaargau stellte bis 1929 fast 3 000 zusätzliche Leute ein, musste allerdings zwischen 1930 und 1934 wieder etwa gleich viele entlassen. Die Weltwirtschaftskrise schlug in der Schweiz etwas verspätet durch, hielt aber sehr lange an. Erst die Abwertung des Frankens 1936 brachte Linderung. Die Krise wurde teilweise aufgefangen durch öffentliche Bauaufträge. Der Aargau war im gesamtschweizerischen Durchschnitt nicht so stark betroffen, seine Industrie erwies sich als mehr oder weniger robust. Trotzdem waren 1935 über 5 000 Menschen arbeitslos – und dies in allen Branchen. Der Staat subventionierte die Unternehmen, damit diese Arbeitslose beschäftigen konnten. Der Weg aus der Krise war begleitet von einem neuen sozialen Frieden – dem 1937 geschlossenen Friedensabkommen zwischen Gewerkschaften und Unternehmen in der Metall- und Maschinenindustrie – und der beginnenden Kriegswirtschaft, die Aufträge und Beschäftigung brachten. Helme, Gamellen und Geschosshülsen fanden sich im Sortiment vieler Metall verarbeitenden Betriebe im Aargau.

In der Zwischenkriegszeit fand auch eine verstärkte Diversifizierung der Branchen statt. Die Holz- und Möbelindustrie entwickelte sich zu einem wichtigen Wirtschaftszweig im unteren Aaretal. Die Ausbeutung der Kalkstein- und Kiesvorkommen wurde verstärkt fortgesetzt. Neue Unternehmen in der Metall- und Maschinenindustrie wie die Kupferdraht-Isolierwerke in Wildegg oder die aus der KWC heraus gegründete Injecta Spritzgussfabrik in Teufenthal entstanden. In der Tabakindustrie begann sich in den 1930er-Jahren die Spreu vom Weizen zu trennen. Burger und Villiger wuchsen, viele kleine Betriebe gerieten hingegen in Schwierigkeiten. Ebenfalls in der Krisenzeit wurden einige grosse Flusskraftwerke fertig gebaut: das Kraftwerk Ryburg-Schwörstadt bei Rheinfelden 1930, das Kraftwerk Albbruck-Dogern und das Limmatwerk Wettingen 1933, das Kraftwerk Klingnau 1935.

82 *(vorhergehende Doppelseite)*
Mit dem Patent auf einen Stahlrohrradiator legte Robert Zehnder 1931 den Grundstein für die Entwicklung der Heizkörperfabrik Zehnder, nachdem die Gebrüder Zehnder aus der Motorradproduktion ausgestiegen waren. Eine Mistkarre diente in den Anfängen noch als Transportmittel.

83 + 84
Auch in der Druckindustrie war noch Handarbeit gefragt. Die Bilder von 1958 zeigen den männlich geprägten Bleisatz und die weibliche Sphäre der Ausrüsterei bei Sauerländer in Aarau.

84

85
Druckerei und Verlag Ringier in Zofingen waren in der Zwischenkriegszeit auf Wachstumskurs, nicht zuletzt dank den hauseigenen illustrierten Zeitschriften. Das Bild zeigt die Inserateabteilung um 1936.

86 – 88
Montage von Bürodrehstühlen bei der Firma Albert Stoll & Co. in Koblenz in den 1950er-Jahren. Mit dem so genannten Federdreh, einem gefederten drehbaren Bürostuhl, hatte Stoll 1926 eine Neuentwicklung auf den Markt gebracht und sich damit zum Spezialisten für die Produktion von Bürostühlen entwickelt.

89 *(oben)*
Kistenfabrikation bei der Firma Keller & Co. in Klingnau um 1949. Die Holzindustrie im unteren Aaretal begann in der Mitte des 19. Jahrhunderts mit einer Fabrik für Zigarrenkistchen. Im grösseren Stil entwickelt sie sich aber erst nach 1900. Unter den wichtigsten Firmen befanden sich die Keller & Co., aus der das Spanplattenwerk Novopan hervorging, die Firma Tütsch-Zimmermann ab 1919, die heute noch produzierende Hess & Co. sowie die Stuhl- und Tischfabrik Klingnau.

90–93 *(auch nachfolgende Doppelseite)*
Ein Spezialist der Holzindustrie war die 1907 gegründete Gesellschaft für Holzkonservierung in Zofingen. Sie stellte Zäune, Eisenbahnschwellen und Industrieböden, so genannte «Klötzliböden», her. Die Bilder aus der Zeit um 1945 zeigen den Imprägnierkessel, die Bohrmaschine, den Schwellenstapler und das Verlegen eines Holzbodens bei Bally.

94 – 97 (auch nachfolgende Doppelseite)
Die Produktionsräume der Firma Egro in Niederrohrdorf in den 1940er-Jahren. Die Egro (Egloff-Rohrdorf) geht zurück auf eine Werkstätte für Haushaltswaren, die bereits 1849 gegründet worden war. Die Egro selbst wurde 1918 von Merker übernommen. Merker verlagerte in den letzten 30 Jahren seine Produktion sukzessive von Baden nach Niederrohrdorf. Markenzeichen der Egro sind seit der Mitte der 1930er-Jahre die Kaffeeautomaten. Die Bilder zeigen Dreherei, Schleiferei, Verzinkerei und die Spritzkabinen der Malerei.

98 – 101
Blick in die Fabrikhallen der Produktionsstätte von Bally in Dottikon um
1940: Sohlenpräparation, Zuschneiderei von Leder, Näherei, Ausrüsterei
und Gruppenbild der Näherinnen.

102 – 104
Arbeiterinnen und Arbeiter in der 1932 erbauten ersten Standardhalle der Bata-Schuhfabrik in Möhlin. Nach dem Vorbild des Bata-Werks in Zlin in der Tschechei liess Thomas Bata in Möhlin eine nach neuesten Grundsätzen entworfene Fabrik mit zugehöriger Wohnsiedlung erstellen.

105
Lederverarbeitung im Jahr 1945 in der Lederwarenfabrik Streule in Ennetbaden, die aus einer 1841 gegründeten Gerberei hervorgegangen war. Der Betrieb wurde 1954 eingestellt und das Gebäude an die BBC vermietet. Mitte der 1990er-Jahre wurde das Areal für Gewerbe- und Wohnzwecke umgenutzt.

106
Nah bei der Landwirtschaft angesiedelt war die Mosterei von Meli in Mellingen. Das Bild von 1944 zeigt die beeindruckenden Halden an Äpfeln, die der Verarbeitung harren.

107 – 109
Weit über den Aargau hinaus sind die Konfitüren der Hero in Lenzburg bekannt. Das 1886 gegründete Unternehmen hatte schon früh Zweigbetriebe in ganz Europa. Im Bild die Arbeit an der Kirschenentsteinmaschine, dem Waschband für Aprikosen und das Einkochen der Früchte, ca. 1950er-Jahre.

110 – 112
Die Bettfedernfabrik Gideon in Baden gehörte, wie auch die Lahco Strickwarenfabrik, die Bademode herstellte, eher
zu den Exoten in der von der Maschinenindustrie geprägten Stadt. Die Bildserie stammt aus der Mitte der 1950er-
Jahre.

113 + 114
Anfeuchten von Rohtabak bei Burger Söhne im Jahr 1954 und eine Wickelmacherin an der Arbeit bei Weber Söhne um 1960. Die Zigarrenproduktion blieb bis weit in die Nachkriegszeit Handarbeit, vornehmlich von Frauen ausgeführt.

115 – 117
Mensch und Maschine in der Zementproduktion im Steinbruch Auenstein und im Werk Wildegg der Jura Cement
Fabriken 1957. Das Gestein wird in der Grobbrechanlage noch im Steinbruch zerkleinert. Nach der Überführung
in das Zementwerk werden Kalkstein und Tonmergel in so genannten Messtellern in einem bestimmten Verhältnis gemischt und in rotierenden Öfen gebrannt.

118
In den Gebäuden der 1890 gegründeten und 1926 von der Hero übernommenen Conservenfabrik Seetal in Seon nahm 1952 die Seetal Couvertfabrik ihren Betrieb auf. Sie fusionierte später zu Seetal-Schaller mit Sitz in Brugg.

119
Der älteste Industriebetrieb im Aargau ist ein ganz spezielles Unternehmen: die Glockengiesserei Rüetschi in Aarau, deren Anfänge bis ins Spätmittelalter zurückreichen. Neben Glocken wurden lange Zeit auch Geschützrohre hergestellt. Das Bild von 1968 zeigt den von der Belegschaft verfolgten Guss.

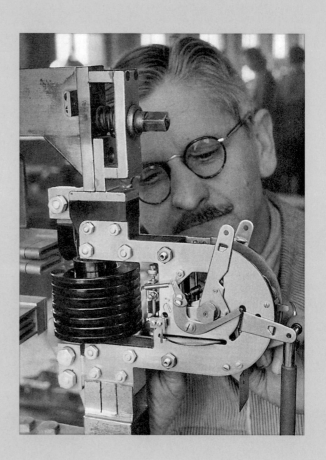

120 + 121

Die Montagehalle für Schützen und Detail einer Relais-Fertigung bei Sprecher & Schuh in Aarau in den 1940er-Jahren. Das im Jahr 1900 gegründete Unternehmen für elektrische Schalter und Relais ist mit der Elektrifizierung gross geworden.

122 *(nachfolgende Doppelseite)*

Prüfstätte in der Glühlampenfabrik Gloria in Aarau im Jahr 1967. Das Unternehmen war 1928 aus den 1904 ge-gründeten Glühlampenwerken entstanden, die Kohlefäden und Wolframdrähte produzierten. Die Fabrikation wurde 1981 eingestellt.

UNGEBREMST AUFWÄRTS

Nachkriegsboom und Wirtschaftswunder (1945 – 1975)

123
Ein Blick in die neue Werfthalle Kloten im Jahr 1961 mit Beleuchtungskörpern der BAG Turgi. Die Leuchtenfabrik war zu einem bedeutenden Unternehmen angewachsen. Ihre Produkte beleuchteten nicht nur Strassen und Plätze, sondern auch grosse Industrie- und Lagerhallen, die nach 1945 wie Pilze aus dem Boden schossen.

124
Fremdarbeiteridylle im Badener Brisgi um 1960. Die BBC hatte hier Ende der 1940er-Jahre ein Barackendorf er-stellt, um die rasch wachsende Zahl von italienischen Fremdarbeitern unterzubringen. Das Brisgi war zu Beginn eine reine Männersiedlung mit Gemeinschaftsräumen, Kantine und Laden.

125
Blick auf die neue BBC-Fabrik in Birr um 1965 mit der Wohnsiedlung «in den Wyden» im Vordergrund, in der über 500 Wohnungen für die Belegschaft zur Verfügung gestellt wurden, samt Supermarkt, Restaurant und Gemein-schaftsräumen. Fabrik und Siedlung wurden auch in Erwartung des geplanten Autobahndreiecks an dieser Stelle ge-baut, ein Bauvorhaben, dass allerdings noch über 30 Jahre seiner Fertigstellung harrte.

Die Nachkriegszeit ist geprägt von einem starken wirtschaftlichen Aufschwung, der bis Mitte der 1970er-Jahre anhielt. Die Schweiz hatte keine Kriegszerstörungen erlitten und war für den Wiederaufbau in Europa bestens gerüstet. Die Zahl der Beschäftigten im Industriesektor verdoppelte sich zwischen 1950 und 1970. Parallel dazu war die Landwirtschaft auf einer steten Talfahrt. Ab dem Ende der 1940er-Jahre wurden Tausende von ausländischen Arbeitskräften ins Land geholt. Die BBC war der stärkste Wachstumsmotor im Aargau. Sie hatte 1947 zur Rekrutierung von Arbeitskräften eigens einen Agenten nach Mailand geschickt. Der starke Zustrom an Beschäftigten vor allem aus Italien verursachte eine Wohnungsnot, welche die Firmen durch den improvisierten Bau von Baracken zu lindern suchten. Das BBC-Barackendorf im Brisgi im Badener Kappelerhof entwickelte sich zu einem «Little Italy» und wurde erst nach 1960 durch den Bau von Hochhäusern nach und nach ersetzt. Der Ausländeranteil im Kanton stieg von 3 Prozent 1941 auf 18 Prozent 1970.

Der Nachkriegsboom konzentrierte sich vorerst auf die städtischen Zentren von Aarau, Baden und Zofingen. Die Bedeutung der alten Industriebezirke Kulm und Lenzburg nahm im Verhältnis ab. Die Bezirke Muri, Zurzach, Laufenburg und Rheinfelden blieben weiterhin industriearm. Erst die Expansion der Basler Chemie ins untere Fricktal nach Stein und Sisseln seit der Mitte der 1950er-Jahre veränderte diese Situation zumindest im Bezirk Rheinfelden. Im unteren Aaretal nahm die Bedeutung der Energiewirtschaft zu mit dem Bau der Forschungsanlagen von SIN und EIR und der Inbetriebnahme der ersten beiden Atomkraftwerke in der Schweiz 1969 und 1971 in der Beznau. In den 1960er-Jahren arbeiteten fast zwei Drittel aller Beschäftigten in der Industrie. Der Aargau war nach wie vor und wie schon 150 Jahre zuvor ein von der Industrie nachhaltig geprägter Kanton.

Beschäftigte im Industriesektor nach Bezirken 1941 bis 1990

BEZIRK						BESCHÄFTIGTE
	1941	1950	1960	1970	1980	1990
Aarau	7 179	8 151	11 009	15 857	12 665	11 347
Baden	10 711	13 420	19 719	28 455	24 719	18 623
Bremgarten	4 059	5 105	6 784	12 266	11 151	11 441
Brugg	3 479	4 385	5 460	9 067	8 197	7 161
Kulm	4 876	5 421	6 466	10 354	8 801	7 919
Laufenburg	1 808	2 405	2 975	5 136	4 833	5 153
Lenzburg	4 968	5 762	7 371	11 653	9 849	9 005
Muri	1 698	2 172	2 546	3 910	3 851	4 405
Rheinfelden	2 478	3 243	3 972	7 060	7 495	7 245
Zofingen	7 600	8 956	11 410	17 580	14 004	13 052
Zurzach	2 688	3 534	4 361	6 948	6 699	5 749
Total	51 544	62 554	82 073	128 286	112 264	101 100

Quelle: Eidgenössische Volkszählungen.

Ein weiterer Aspekt des Wirtschaftsbooms und der steigenden Einkommen der Beschäftigten war der verstärkte Rückzug der Frauen aus der industriellen Arbeitswelt. Stellten sie 1941 noch 33,5 Prozent der Werktätigen, sank ihr Anteil bis auf 23 Prozent im Jahr 1980. Das starke Wachstum der Industrie brachte einen grossen Druck auf die bestehenden Siedlungen mit sich. Die Gemeinde Wettingen beispielsweise wuchs in den 1950er-Jahren mit Wachstumsraten, wie sie heute nur noch in Entwicklungsländern zu finden sind, und wurde 1955 grösste Gemeinde des Kantons. Noch zu Beginn der 1960er-Jahre wurde ein ungebremstes Wachstum prognostiziert, im Jahr 2000 sollte der Kanton eine Million Einwohnerinnen und Einwohner zählen. Ausfluss dieser Euphorie waren modernistische Siedlungsplanungen wie zum Beispiel eine neue Stadt auf dem Birrfeld, die für 30 000 Einwohnerinnen und Einwohner geplant wurde. Auslöser dieses Siedlungskonzepts, das an der Expo 1964 in Lausanne präsentiert wurde, war der Entschluss der BBC, für den Grossmaschinenbau eine neue Fabrik auf der grünen Wiese zu erstellen. Die Fabrik und eine erste Wohnsiedlung mit über 500 Wohnungen wurden schliesslich gebaut. Die neue Stadt hingegen kam über das Planungsstadium nicht mehr hinaus. Ende der 1960er-Jahre war die wirtschaftliche Lage überhitzt, Bund und Kantone begannen Gegensteuer zu geben, und der Ölschock von 1973 brachte Stillstand und schliesslich Rezession. Die BBC-Fabrik in Birr war bald zu gross, weitere Wohnsiedlungen waren nicht mehr notwendig.

Der Wirtschaftsboom der Nachkriegszeit brachte einerseits die alte Industrie zur Blüte, – die Textilindustrie erlebte in der Folge der Koreakrise nach 1952 einen kleinen zweiten Frühling. Das imposante Wachstum der Grossunternehmen liess aber auch die kleineren Zulieferfirmen florieren und viele neue entstehen. Vom steigenden Lebensstandard und der wachsenden Konsumnachfrage konnte auch die Lebensmittelindustrie profitieren. 1950 übernahm die Migros die bereits 1887 gegründete Schokoladefabrik Frey in Aarau und erstellte 1966 eine neue Produktionsstätte in Buchs. Bereits 1962 hatte sie in Buchs mit der Mibelle die Fabrikation von Kosmetika aufgenommen, und ein Jahr später mit der JOWA eine Teigwarenfabrik errichtet. Die neuen Fabrikstandorte waren nicht nur für den Aargau zentral gelegen. Bereits 1952 hatte die Rivella in Rothrist mit einem auf Molke basierenden neuen Süssgetränk erfolgreich auf Wachstum und Konsum gesetzt. Mit dem Autobahnbau nach 1960 wurde das aargauische Mittelland schweizweit zu einem begehrten Standort für Logistikunternehmen.

126–130

Die BBC in Baden stärkte ihre Innovationskraft zu Beginn der 1960er-Jahre mit dem Bau eines eigenen Forschungszentrums in Dättwil. Die Bilder von 1966 zeigen, dass das Unternehmen neben dem Grossmaschinenbau auch in den Hightech-Bereich vorstossen wollte:
Kontrolle und Richten des Gitters von Quecksilberdampf-Gleichrichterröhren (grosses Bild).
Supraleitende Spule aus dem 269 Grad Celsius kalten Gehäuse gezogen, zur Erzeugung starker Magnetfelder gedacht (oben links).
Hochtemperaturprüfung von Isolationen im Labor. Die Keramikisolationen werden einem Strahl von flüssigem Stahl ausgesetzt (oben rechts).
Drahtlötung an einer Platte für einen Impulskanal-Empfänger, der in der digitalen Fernmessung zum Einsatz kommt (unten links).
Versuche im Hochspannungslabor: links ein Überschlaglichtbogen bei 650 000 Volt, rechts ein Stossüberschlag bei über einer Million Volt (unten rechts).

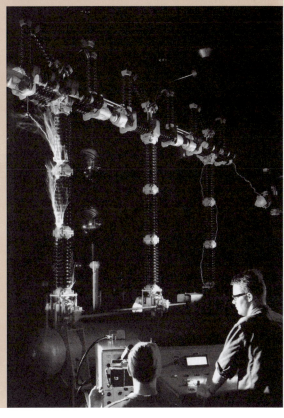

131 + 132
Blick in die grosse Kantine des 1953 von Armin Meili gebauten Gemeinschaftshauses Martinsberg und Feierabend an der Bruggerstrasse, Bilder aus den 1960er-Jahren. Die BBC bot in Baden selbst etwa 15 000 Arbeitsplätze an. Mit dem Umsteigen vom Fahrrad auf den Personenwagen in diesen Jahren begann das Verkehrsvolumen zu explodieren.

133 – 135
Die 1895 gegründeten Kabelwerke Brugg waren erfolgreich mit den grossen Unterwasserkabeln, die quer durch den Atlantik gezogen wurden. Die Bilder von 1953 zeigen die Entstehung des Kabels bis zum Abtransport auf den charakteristischen Spulen.

136 *(links)*

Die Pumpenbaufabrik Rütschi in Brugg wurde 1946 gegründet. Das Bild um 1960 zeigt das Personal in der Fabrik-
halle versammelt. Der Pumpenbau war eine typische nachgelagerte Branche zur Industrie. Viele Fabrikationsanlagen brauchten Pumpensysteme, aber auch der Ausbau der Wasserversorgung und der Abwassersysteme stei-
gerte die Nachfrage.

137 – 139

Im Jahr 1930 gegründet, profitierte die Lack- und Farbenfabrik Mäder in Killwangen von der steigenden Nachfrage nach spezialisierten Oberflächenbehandlungen. Unter anderem produzierte das Unternehmen auch Auto-
mobillacke. Die Bilder geben einen Einblick in Labor und Produktion im Jahr 1959.

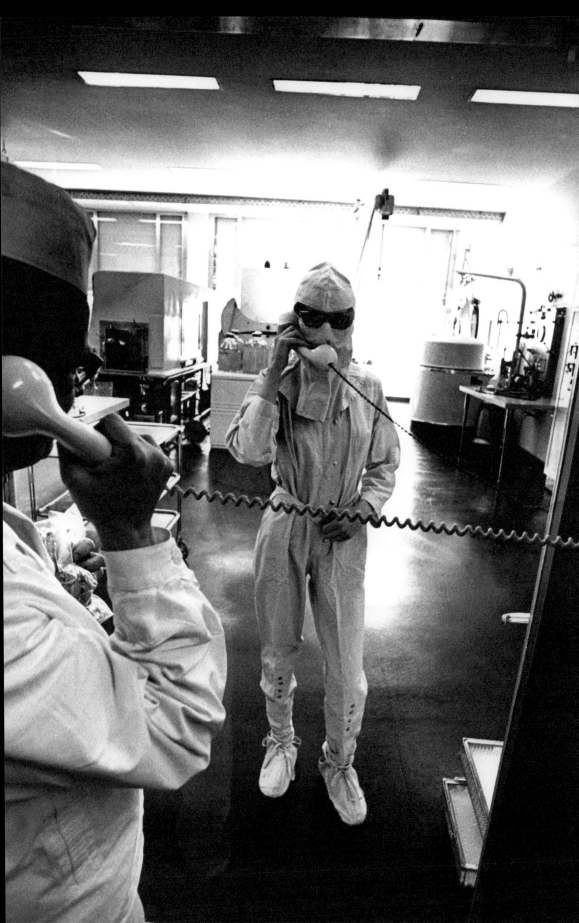

140 – 143 *(auch nachfolgende Doppelseite)*

Das Basler Chemieunternehmen Ciba gründete 1957 einen Zweigbetrieb in Stein. Das Sisslerfeld wurde zum Expansionsgebiet der rasch wachsenden Chemieindustrie und brachte dem unteren Fricktal einen starken wirtschaftlichen Impuls. Die Produktion war bereits 1972 hoch automatisiert und erforderte in gewissen Bereichen sterile Arbeitsbedingungen.

144 – 150 *(auch nachfolgende Doppelseite)*
Die BAG Turgi erstellte im Jahr 1960 eine Broschüre für die Lehrlingsausbildung. Eindrucksvoll ist die Palette der damaligen Berufe: Gürtler (Metallschlosser), Metallformer (Giesser), Metalldrücker, Industriespengler, Bauschlosser, Werkzeugmacher, Elektromonteur und Beleuchtungszeichner. Die Bildserie zeigt die verschiedenen Tätigkeiten.

151 – 154
Die frühere Armaturengiesserei Oederlin in Ennetbaden stellt noch heute Kleinserien und spezielle Legierungen her. Die Giesserei funktioniert noch im gleichen Stil und mit derselben Technologie wie vor 100 Jahren. Die Bilder aus dem Beginn der 1960er-Jahre zeigen Kernmacherei und Giesserei, die Stanzerei, sowie Verpackung und Lagerung der Armaturen.

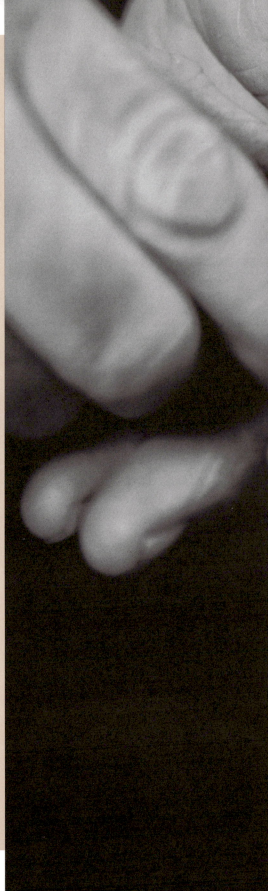

155 – 160 *(auch nachfolgende Doppelseite)*

1819 gegründet, war Kern über 170 Jahre Garant für Präzisionswerkzeuge und Messgeräte von höchster Qualität. Ein Kern-Reisszeug gehörte zum Standardgeschenk für einen Jugendlichen. Die Bildserie von 1966 zeigt die Reisszeugproduktion in Aarau und Buchs. Feinmechanik und viel Handarbeit waren dabei gefragt.

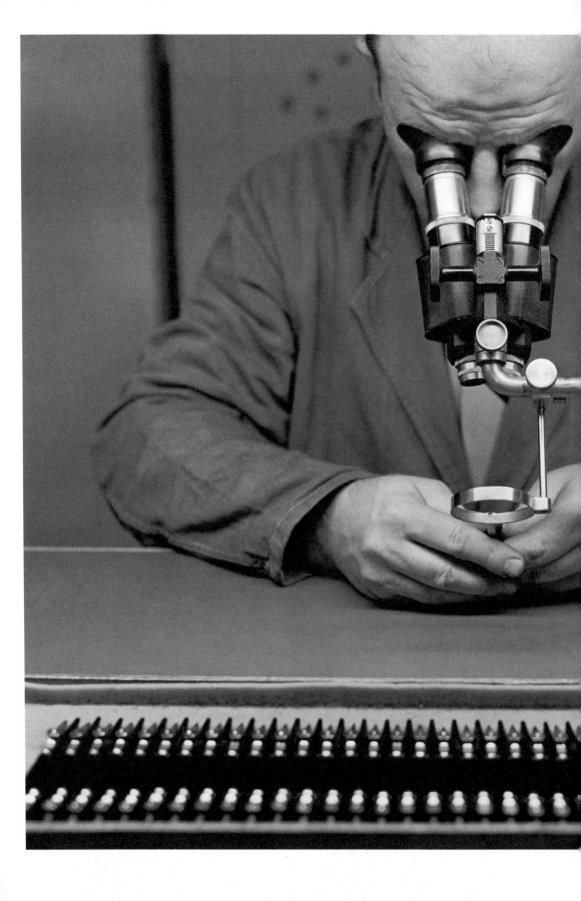

161

Die Produktionshalle für Spaghetti der JOWA in Buchs 1966. Die Migros nahm 1962 die Produktion von eigenen Teigwaren auf.

162

Die 1957 neu erstellte Flaschenabfüllanlage bei Rivella in Rothrist füllte pro Stunde 18 000 3-dl-Flaschen für die Gastronomiekunden ab. Die Rivella AG wurde 1952 in Stäfa gegründet und 1954 ins verkehrsgünstig gelegene Rothrist verlegt.

163
Fliessbandproduktion in der Elektronikfirma Gutor in Wettingen 1969. Die Firma hatte 1950 mit der Herstellung von elektrischen Verteilanlagen begonnen.

164
Die Steingutfabrik Niederweiler in Möhlin wurde 1906 als Filiale eines lothringischen Unternehmens gegründet. Hergestellt wurden bemalte und unbemalte Gebrauchskeramik und Tafelservices. Die Firma wurde 1956 geschlossen.

165 + 166

Die Kera-Werke in Laufenburg waren 1932 gegründet worden für die Herstellung von sanitären Apparaten aus Keramik. Auf den Bildern ist die Produktion von Lavabos und WC-Schüsseln zu sehen. Die Mitte der 1990-Jahre geschlossene Firma produzierte auch Haushaltgeschirr aus Steingut.

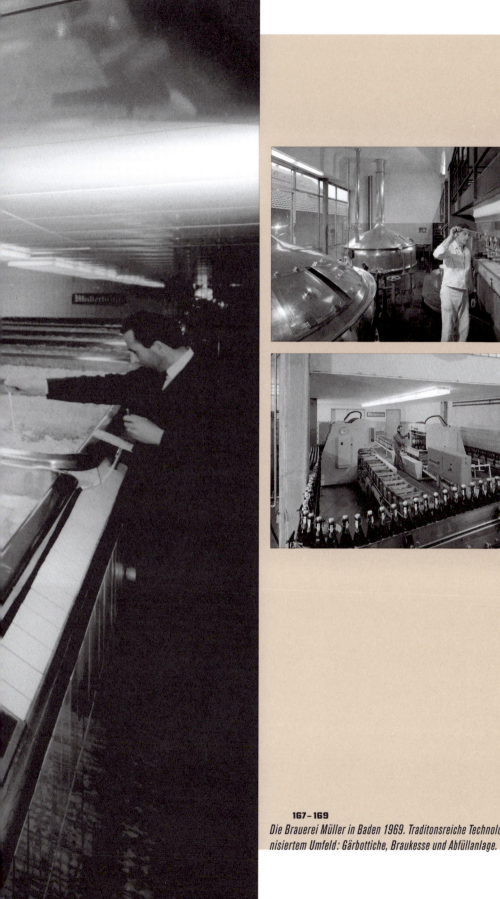

167 – 169
Die Brauerei Müller in Baden 1969. Traditonsreiche Technologie in modernisiertem Umfeld: Gärbottiche, Braukesse und Abfüllanlage.

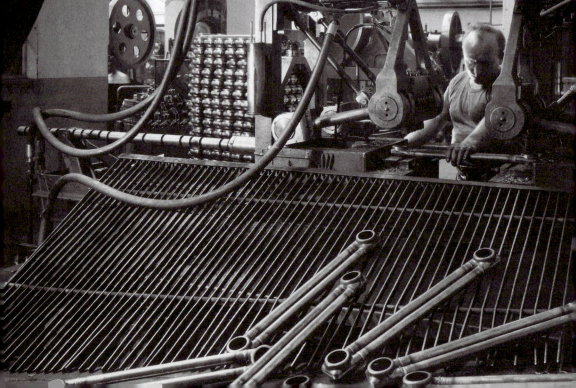

170 – 175 *(auch vorhergehende und nachfolgende Doppelseite)*
Die Radiatorenproduktion bei Zehnder in Gränichen um 1960: stanzen, schweissen, entgraten und prüfen mit
Pressluft. Danach werden die Elemente zu einem Radiatorblock zusammengeschweisst.

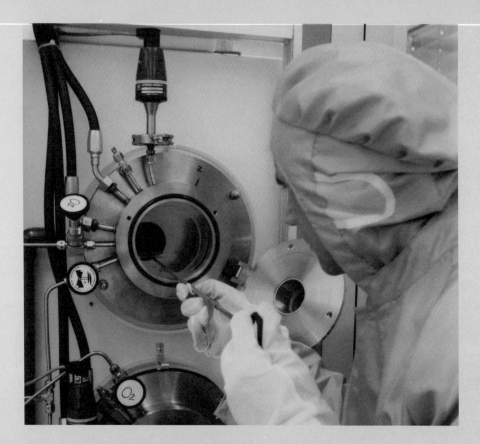

DAS ENDE DER INDUSTRIE?

Desindustrialisierung und Strukturwandel (1975–2000)

176

Halbleiterproduktion bei der Elektronikfabrik der BBC in Lenzburg 1987, kurz vor der Fusion des Konzerns mit Asea zur ABB. Industrielle Produktion fand immer weniger in grossen, lärmigen Hallen statt, sondern mehr und mehr automatisiert in sterilen Räumen.

177

Arrangiert in Mutter Natur, zeigt diese Werbeaufnahme von 1969 die Produktepalette von Kern für optische Geräte. Hoch komplexe Vermessungsgeräte gehörten genauso dazu wie einfache Feldstecher. Das Unternehmen für Präzisionsinstrumente wurde 1988 von Wild Heerbrugg übernommen und die Produktion in Aarau 1991 eingestellt. Dies bedeutete das Ende einer über 170-jährigen Industrietradition.

178

Der Industriearbeiter an der Maschine, eine aussterbende Spezies? Das Bild stammt aus der Waschmaschinenproduktion der Firma Merker in Baden von 1973. In dem Jahr, als die Firma ihr 100-Jahr-Jubiläum feierte, begann sie ihre Produktion zur Egro nach Niederrohrdorf zu verlagern. 20 Jahre später standen die Fabrikhallen in Baden leer.

 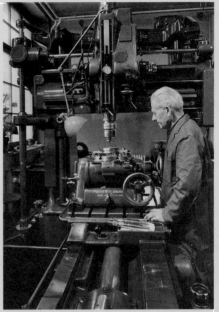

Die Rezession der 1970er-Jahre hatte das Ende des ungebremsten Wachstums gebracht. Vollbe-schäftigung war nicht mehr selbstverständlich. Erstmals seit über 40 Jahren war wieder eine markan-te Arbeitslosigkeit zu verzeichnen. Anfang 1976 wurden bereits 2 000 Arbeitslose gezählt. Viele Be-triebe mussten zu Kurzarbeit übergehen. Der Abbau an Arbeitsplätzen erfolgte aber in erster Linie zu Lasten der Ausländerinnen und Ausländer. Die Arbeitslosenquote blieb deshalb niedrig und stieg im Aargau nicht über ein Prozent. 1978 wurde auf eidgenössischer Ebene das Arbeitslosenversicherungs-gesetz eingeführt.

Viele Unternehmen hatten es in der Hochkonjunktur versäumt, ihre Produktionsanlagen zu modernisieren und die Produktionskosten zu senken. Da der Aargau eine relativ breit diversifizerte Industrie besass, war er vom Einbruch einzelner Branchen nicht so stark betroffen. Die hohe Export-abhängigkeit liess aber einzelne Wirtschaftszweige speziell bluten. Die Textil- und Bekleidungsindustrie war gegenüber der billigen ostasiatischen Konkurrenz chancenlos. Die von der Textilindustrie stark geprägte Region Zofingen war davon besonders betroffen. Spezialisierung, Spitzentechologie, Pro-duktionsverlagerung ins billigere Ausland waren Strategien, welche viele Unternehmen einschlugen.

Damit wurde eine Entwicklung eingeleitet, die eine markante Verschiebung in der Be-schäftigung mit sich brachte: die Verlagerung der Arbeit von der Produktionshalle ins Büro, das rasche Wachstum des Dienstleistungssektors. Nach 1980 überstieg die Zahl der im dritten Sektor Beschäf-tigten diejenige der industriell Tätigen. Zwischen 1970 und 2000 gingen im Aargau über 30 000 Indus-triearbeitsplätze verloren, während sich die Beschäftigtenzahl im dritten Sektor mehr als verdoppelte. Schon 1965 berichtete die BBC in ihrer Hauszeitung, dass im neuen Werk in Birr jeder vierte Arbeits-platz ein Büroarbeitsplatz sei. Diese Entwicklung verstärkte sich zusehends.

Beschäftigte nach Wirtschaftssektoren 1941 bis 2000

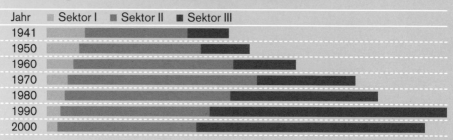

Jahr	■ Sektor I	■ Sektor II	■ Sektor III
1941			
1950			
1960			
1970			
1980			
1990			
2000			

Quelle: Eidgenössische Volkszählungen.

Der Strukturwandel ging in den 1980er-Jahren weiter, auch wenn ab 1983 die Rezession überwunden war, – vor allem in der Metall- und Maschinenindustrie. Sprecher & Schuh in Aarau verkaufte 1986 die Bereiche Hoch- und Mittelspannung. Der verbliebene Rest ging in der neuen Firma Rockwell Automation auf. Viele vertraute Firmennamen verschwanden oder blieben nur noch als Immobilienfirmen bestehen, so etwa die Glühlampenfabrik Gloria in Aarau (1981), die Zigarrenfabrik Weber Söhne in Menziken (1982), die Bally-Schuhfabrik in Villmergen (1985), die Strickerei Rüegger in Zofingen (nach 1990), die Litzenfabrik FAMA in Kölliken (1989), die Waschmaschinenfabrik Merker in Baden (nach 1992). Höhepunkt bildete Ende 1987 die Fusion der Badener BBC mit der schwedischen Asea zur Asea Brown Boveri (ABB). In Baden gingen Tausende von Arbeitsplätzen verloren, eine Zeit lang schien es, als würde sich das Industriegebiet total leeren. ABB und Alstom bieten in Baden heute zwar eine wesentlich kleinere, aber immer noch grosse Zahl von Arbeitsplätzen an – fast ausschliesslich im Bereich Entwicklung und Engineering. In der Turboladerfabrik wird nach wie vor produziert, aber hoch automatisiert und robotisiert.

Das Sterben der Textilindustrie ging weiter bis gegen Ende der 1990er-Jahre. Grosse, renommierte Spinnereien oder Webereien wie Müller & Cie. in Seon, Weber & Co. in Aarburg und Kunz in Windisch stellten ihre Produktion ein. Traditionsreiche Firmen wie Kern in Aarau oder die BAG in Turgi wurden verkauft und stillgelegt. Trotzdem haben sich im Textilbereich wie in der Metall- und Maschinenindustrie viele Unternehmen gehalten, sei es, dass sie grösser geworden sind und ihre Produktion teilweise ins Ausland verlegt und Firmen zugekauft haben wie die Heizkörperfabrik Zehnder in Gränichen, sei es, dass sie in spezialisierten Nischen überlebten wie die KWC in Unterkulm oder die Giesserei Oederlin in Ennetbaden. Daneben entstanden aber auch zahlreiche neue Unternehmen, zum Beispiel in der Kunststofftechnologie oder im Hightech-Sektor. Viele dieser Unternehmen fertigen nicht mehr ein Produkt von Anfang bis zum Schluss, sondern sind Teil eines weltweit vernetzten Produktionsprozesses, stellen spezielle Teile her, montieren Maschinen, deren Einzelteile in der Türkei oder in Ostasien produziert wurden. Die Aargauer Industrie hat damit ihre Wandlungsfähigkeit bewiesen und ist heute noch wichtiger Teil der Wertschöpfung im Kanton – global tätig wie schon vor 200 Jahren.

Die Industrieareale mit den grossen Fabrikhallen haben sich verändert, sind heute umgenutzt, teilweise abgerissen. Die Desindustrialisierung brachte auch grosse Umweltprobleme an den Tag; viele Areale waren und sind durch die jahrzehntelange industrielle Produktion mit chemischen Altlasten verseucht. Dies hat an vielen Orten dazu geführt, dass mit den leer stehenden Fabriken nicht Tabula rasa gemacht wurde, sondern dass kreative Umnutzungen der alten Substanz möglich waren. Arbeiten und Wohnen in alten Industriegebäuden liegen im Trend und haben den zeitweise verlassenen Zeugen der Industriegeschichte wieder Leben eingehaucht.

179 – 182 (auch nachfolgende Doppelseite)
Die Produktion von Waschmaschinen bei Merker in Baden im Jahr 1973. Die Merker Bianca stand wohl im östlichen Aargau fast in jedem zweiten Haushalt.

183 – 185

Blick in die Schuhproduktionshalle des Zweigbetriebs von Bally in Aarau im Jahr 1970. In dem Gebäude ist heute eine kantonale Ausbildungsstätte für Lehrerinnen und Lehrer untergebracht.

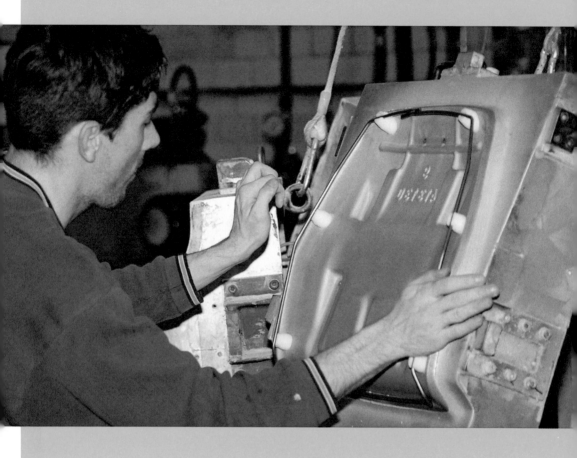

186 – 188
Einsetzen des Metallbügels in die Kunststoffsitzschale, Aufbringen der Pulverbeschichtung auf Drehfüsse von Bürostühlen und Blick in die Näherei bei Giroflex in Koblenz 2003.

189 *(links)*
Die 1946 gegründete Maschinenfabrik von Hans Müller in Zofingen spezialisierte sich auf Maschinen für die Druckweiterverarbeitung. Das Bild aus den 1970er-Jahren zeigt so genannte Kreuzleger, die dazu dienen, Zeitungen und Zeitschriften kreuzweise zu stapeln.

190–193
Die Herstellung von Tabletten und Tropfen im Werk der Ciba-Geigy in Stein 1988: hoch automatisierte Fertigung in teilweise steriler Umgebung. Novartis hat das Werk unlängst mit einer Halle für sterile Produktion weiter modernisiert.

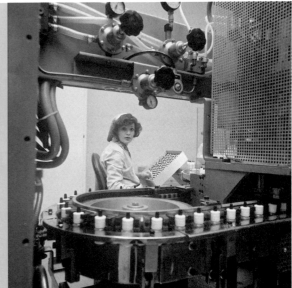

194–196
Automatisierte Fertigung und Qualitätssicherung bei Rockwell Automation in Aarau im Jahr 2000.

197–199

Die Tabakindustrie produziert im Aargau nur noch in drei Betrieben von der Tabakaufbereitung bis zur fertigen Zigarre. Wuhrmann in Rheinfelden hat dabei eine handwerkliche Tradition erhalten, die heute fast zur Touristenattraktion wird (Bilder rechts). Bei Villiger in Pfeffikon LU, hart ennet der aargauischen Kantonsgrenze, sind viele Produktionsabläufe automatisiert. Trotzdem ist noch viel Handarbeit nötig. Der dritte, hier nicht abgebildete Betrieb ist eine Zigarillofabrik von Burger Söhne in Reinach.

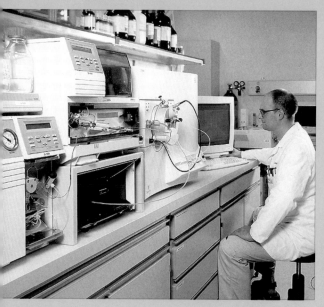

200 + 201

Outsourcing im Bereich der Verfahrensforschung, der Produktion im Gramm- bis Kilogrammbereich und der Analytik für die forschende Pharmaindustrie: Die CarboGen ist 1990 gegründet worden und beschäftigte in den Betrieben in Aarau und Hunzenschwil im Jahr 2003 über 200 hoch qualifizierte Spezialistinnen und Spezialisten.

AUSGEWÄHLTE LITERATUR

Statistische Quellen

Bronner, Franz Xaver: *Der Kanton Aargau, historisch, geographisch, statistisch geschildert.* 2 Bde. St. Gallen, Bern 1844, Nachdruck Genf 1978.

Fritzsche, Bruno (Hg.): *Historischer Strukturatlas der Schweiz.* Baden 2001.

Ritzmann-Blickensdorfer, Heiner (Hg.): *Historische Statistik der Schweiz.* Zürich 1996.

Rechenschaftsberichte des Regierungsrats. Aarau 1837 ff.

150 Jahre Kanton Aargau im Lichte der Zahlen 1803 – 1953. Aarau 1954.

Statistisches Jahrbuch des Kantons Aargau. Aarau 1986 ff.

Allgemein

Bärtschi, Hans-Peter: *Industriekultur im Kanton Zürich.* Zürich 1994.

Bärtschi, Hans-Peter: *Das industrielle Erbe und die Schweiz.* Basel 1998.

Bodmer, Walter: *Schweizerische Industriegeschichte. Die Entwicklung der schweizerischen Textilwirtschaft im Rahmen der übrigen Industrien und Wirtschaftszweige.* Zürich 1960.

Braun, Rudolf: *Industrialisierung und Volksleben. Die Veränderungen der Lebensformen in einem ländlichen Industriegebiet vor 1800.* Göttingen 1979, 2. Aufl.

Braun, Rudolf: *Sozialer und kultureller Wandel in einem ländlichen Industriegebiet im 19. und 20. Jahrhundert.* Zürich 1999, 2. Aufl.

Dudzik, Peter: *Innovation und Investition. Technische Entwicklung und Unternehmensentscheide in der schweizerischen Baumwollspinnerei 1800 – 1916.* Zürich 1987.

Frey, Heinz; Glättli, Ernst: *Schaufeln, sprengen, karren. Arbeits- und Lebensbedingungen der Eisenbahnbauarbeiter in der Schweiz um die Mitte des 19. Jahrhunderts.* Zürich 1987.

Hauser, Jürg (Hg.): *Die industrielle Revolution im Zürcher Oberland. Von der industriellen Erschliessung zum Industrielehrpfad.* Wetzikon 1990, 2. Aufl.

Jäger, Reto; Lemmenmeier, Max; Rohr, August; Wiher, Peter: *Baumwollgarn als Schicksalsfaden. Wirtschaftliche und gesellschaftliche Entwicklungen in einem ländlichen Industriegebiet (Zürcher Oberland) 1750 – 1920.* Zürich 1986.

Joris, Elisabeth; Witzig, Heidi: *Brave Frauen, aufmüpfige Weiber. Wie sich die Industrialisierung auf Alltag und Lebenszusammenhänge von Frauen auswirkte (1820 – 1940).* Zürich 1992.

Lang, Norbert; Mosimann, Roland: *Faszination Wasserkraft. Technikgeschichte und Maschinenästhetik.* Baden 2003.

Tanner, Albert: *Das Schiffchen fliegt, die Maschine rauscht.* Zürich 1985.

Tanner, Jakob: *Fabrikmahlzeit. Ernährungswissenschaft, Industriearbeit und Volksernährung in der Schweiz 1890 – 1950.* Zürich 1999.

Witzig, Heidi: *Polenta und Paradeplatz. Regionales Alltagsleben auf dem Weg zur modernen Schweiz 1880 – 1914.* Zürich 2000.

Aargau (mit ausgewählten Orts- und Firmengeschichten)

Baumann, Max: *Geschichte von Windisch vom Mittelalter zur Neuzeit.* Windisch 1983.

Catrina, Werner: *BBC. Glanz – Krise – Fusion. 1891 – 1991, Von Brown Boveri zu ABB.* Zürich 1991.

Grasdorf, Erich; Rausser Ferdinand: *75 Jahre Cementfabrik «Holderbank».* Baden 1987.

Halder, Nold; Staehelin, Heinrich; Gautschi, Willi: *Geschichte des Kantons Aargau.* 3 Bde. Baden 1978.

Kabelwerke Brugg AG Holding (Hg.): *Brugg – Tradition – Vision.* Brugg 1995.

Kaiser, Willy: *75 Jahre Plüss-Staufer Oftringen 1884 – 1959.* Olten 1960.

125 Jahre Kern Aarau 1819 – 1944. Aarau 1944.

Gemeinde Klingnau (Hg.): *Clingenowe – Klingnau. Epochen, Ereignisse und Episoden – 1239 bis heute.* Klingnau 1989.

Kleiner, Beat. *Hermann Kummler-Sauerländer 1863 – 1949. Ein Leben für den Leitungsbau und für die Bahnen.* Schweizer Pioniere der Wirtschaft und Technik 71. Meilen 1999.

Kuhn, Dieter u. a.: *Strohzeiten. Geschichte und Geschichten der aargauischen Strohindustrie.* Aarau 1991, 2. Aufl. 1996.

Lang, Norbert: *Charles E. L. Brown 1863 – 1924, Walter Boveri 1865 – 1924, Gründer eines Weltunternehmens.* Schweizer Pioniere der Wirtschaft und Technik 55. Meilen 1992.

Lauchenauer, Eduard: *Die wirtschaftliche Entwicklung des Kantons Aargau seit der Gründung der Aargauischen Bank 1855 – 1955.* Aarau [1956].

Lüthi, Alfred u. a.: *Geschichte der Stadt Aarau.* Aarau 1978.

Lüthi, Alfred: *Die Ortsgeschichte von Oberentfelden.* Oberentfelden 1997.

Lüthi, Christian u. a.: *Zofingen im 19. und 20. Jahrhundert. Eine Kleinstadt sucht ihre Rolle.* Zofingen 1999 (Veröffentlichungen zur Zofinger Geschichte Bd. 3).